生的希望

生死一线党旗扬

中国海上搜救中心 编

北京

内 容 提 要

本书选取奋战在海上搜救一线的党员代表的感人事迹，讲好搜救故事，进一步发挥典型人物的示范引领作用，展示新时代海上搜救人舍生忘死、大爱无疆的奉献精神，营造推动交通强国、海洋强国建设的良好氛围，激励海上搜救人新时代新担当新作为。

图书在版编目（CIP）数据

生的希望：生死一线党旗扬 / 中国海上搜救中心编. —北京：人民交通出版社股份有限公司，2023.12
ISBN 978-7-114-18307-2

Ⅰ.①生… Ⅱ.①中… Ⅲ.①中国共产党—模范共产党员—海上搜索—先进事迹 Ⅳ.①D263 ②U676.8

中国版本图书馆CIP数据核字（2022）第202134号

Sheng de Xiwang —— Shengsi Yixian Dangqi Yang
书　　名：生的希望——生死一线党旗扬
著　作　者：中国海上搜救中心
责任编辑：朱明周　张正柱　程　璐
责任校对：孙国靖　刘　璇
责任印制：张　凯
出版发行：人民交通出版社股份有限公司
地　　址：（100011）北京市朝阳区安定门外外馆斜街3号
网　　址：http://www.ccpcl.com.cn
销售电话：（010）59757973
总　经　销：人民交通出版社股份有限公司发行部
经　　销：各地新华书店
印　　刷：北京交通印务有限公司
开　　本：720×980　1/16
印　　张：11.5
字　　数：123千
版　　次：2023年12月　第1版
印　　次：2023年12月　第1次印刷
书　　号：ISBN 978-7-114-18307-2
定　　价：66.00元

（有印刷、装订质量问题的图书，由本公司负责调换）

序言

如果每次出勤都会面临生死考验,每个任务都是赶赴生死之约,你是否还有勇气坚守这样的工作?

在我国海上搜救一线,就有这样一群人。他们或为人父为人母、为人夫为人妻、为人子为人女,但都有一个共同的身份——中国共产党党员!

"我能!""我们上!"……

在人民群众生命财产安全受到严重威胁的生死关头,他们以大无畏的勇气,用自己平凡的身躯,为遭遇险情的人们带去生的希望,用自己的实际行动,给出了肯定的答案!

生死之间有大爱。他们或是从事过海上搜救工作的退休老党员,或是参与过重大搜救事件、获得过"海上特别勇敢奖""最美搜救人"等荣誉的在岗优秀党员,或是为海上搜救事业发展贡献青春和智慧的年轻党员，抑或是长期奋战在海上搜救一线的优秀基层党组织。他们的名字熠熠闪光：30年如一日坚守水上消防一线的邓洪，一心扑在救捞事业上的"铁骨汉子"钟松民，28位勇士组成的"光汇616"轮抢险队，用忠诚守护万里海疆的海南海事局指挥中心党支部……他们把生的希望送给他人，把死的危险留给自己，让党旗高高飘扬在海上搜救一线。

　　本书旨在挖掘宣传中国共产党党员在海上搜救生死一线舍生忘死、大爱无疆的感人事迹和奉献精神，激励引导广大海上搜救人员在危难时刻迎难而上、英勇奋斗，切实守护好人民群众生命财产安全，为全面建设社会主义现代化国家、实现中华民族伟大复兴的中国梦提供坚实的海上应急保障。

　　本书的出版工作得到了国家海上搜救和重大海上溢油应急处置部际联席会议成员单位、各省级海上搜救中心、各地交通运输主管部门、中国水运报社以及交通运输部办公厅、政策研究室、直属机关党委、海事局、救捞局等单位和部门的大力支持，在此一并表示感谢。

编　者

2022年10月

目录

方寸机舱书写挚爱深情
　　——记南海救助局高级轮机长　裴继文　　001

用忠诚和担当守护一方水域平安
　　——记广州市消防救援支队水上消防救援站船长　邓洪　　011

驻守长江鄂东段的"逆行先锋"
　　——记黄石海事局党群工作部　孔静　　017

守护一方水域　保障一方平安
　　——记水上搜救退休老党员　陈平　　022

做海上安全的"守护人"
　　——记宁波象山海事处海巡艇总船长　俞奇华　　029

一心扑在救捞事业上的"铁骨汉子"
　　——记广州打捞局工程船总监、高级潜水员　钟松民　　035

我用百分之百护你万分之一
—— 记烟台打捞局液体危化品船"光汇616"轮应急抢险队　　041

一切皆因职责所在
—— 记北海救助局高级救助船长　邹本波　　048

奋战在水域救援一线的特勤工匠
—— 记南昌市消防救援支队特勤大队大队长　李胜利　　055

不爱红装爱蓝装
—— 记佛山蓝天救援队　万雯辉　　062

与死神搏斗的"海事特种兵"
—— 记东营海事局　成振宇　　067

逆水而上　向险而行
—— 记驻马店市红十字蛟龙应急搜救队潜水分队队长　刘杨杨　　072

救人是海事职责所在
—— 记安庆海事局　周为民　　076

奔赴"战场"担责任　坚守初心扬党旗
—— 记苍南县农业农村局　朱卫峰　　081

环境战线"老黄牛"　应急岗位"急先锋"
—— 记青岛市生态环境局　贾世仁　　086

"平安海区"的"蓝精灵"
—— 记宁波海事局　周宜航　　091

十年救起2544人
—— 记汕头海事局指挥中心副主任　陈晓彬　　097

初心不忘勇担当　让党旗在搜救一线高高飘扬
—— 记盘锦市海上搜救中心　刘五华　　102

惊涛骇浪扬红帆　海事巾帼绽芳华
　　——记大亚湾海事局指挥中心副主任　王陈绩　　　　　　　　106

碧波犹记当年勇　使命必达护安全
　　——记河北海事局危管防污处　班宗生　　　　　　　　　　112

海天之间书写救助传奇
　　——记北海救助局搜救机长　张洪彬　　　　　　　　　　　117

不忘初心担重任　不畏艰险守安澜
　　——记大连海事局船舶交通管理中心党支部　　　　　　　　123

救人于危难　风浪见真章
　　——记浙江舟山海事局嵊泗海事处党支部　　　　　　　　　131

用忠诚守护南海　用奉献书写担当
　　——记海南海事局指挥中心党支部　　　　　　　　　　　　135

破浪前行　铸水上铁军
　　——重庆市地方水上应急救援中心救援事迹纪实　　　　　　141

党建引领＋安全先行　共护海上那片云帆
　　——记温州市渔业应急处置指挥中心党支部　　　　　　　　147

不忘初心　凝聚奋进力量
　　——记中国石油海上应急救援响应中心　　　　　　　　　　154

中国红　暗夜里的救援者
　　——中英公司"福海"号海上救援巴布亚新几内亚渔船纪实　　160

坚守初心本色　勇担社会责任
　　——"舟港拖 31"轮救援事迹纪实　　　　　　　　　　　　165

砥砺前行　应急路上党旗扬
　　——记南京海事局指挥中心党支部　　　　　　　　　　　　169

方寸机舱书写挚爱深情

——记南海救助局高级轮机长 裴继文

作为船舶"心脏"的维护者,他30年如一日坚守在狭小的、负海拔的机舱内,日夜与油污相伴,和噪声为邻;作为遇险船舶的"守护神",他常常在风口浪尖上挺身而出,战风斗浪,义无反顾。

他,就是中国共产党党员,2019年全国五一劳动奖章获得者、交通运输部南海救助局高级轮机长裴继文。

裴继文

生的希望 / 生死一线党旗扬

一份坚守，执着三十载

1992年，从武汉水运工程学院轮机管理专业毕业的裴继文带着对海洋的向往，来到了广州海上救助打捞局。

"那个年代，感觉当一名海员，一边工作，一边遨游大海、周游世界，是一件特别美好的事情。"裴继文谈起当初入行的感想，依然充满怀念。

如今，30年过去了，裴继文仍怀着保障海上人命、环境和财产安全的初心使命，始终坚守在海上救助第一线，在海平面以下5米的机舱内，守护着一代又一代救助船舶的"心脏"。

一朝爱岗不难，难就难在30年如一日地爱岗；一朝敬业不难，难就难在30年如一日地敬业。裴继文以年复一年的执着坚守，日复一日养成的优良习惯，诠释了在平凡岗位上坚守奉献、爱岗敬业的真谛：甘做一颗平凡的"螺丝钉"。

一次考验，奋战三天三夜

2006年，强台风"派比安"横扫中国南海。裴继文所在的"德进"轮奉命前往珠江口救助"永安四号"和"海洋石油298"轮。

彼时，现场风力已达11级，阵风高达13级！滔天巨浪疯狂地从四面八方向"德进"轮发起猛烈攻击，巨浪卷起的海水不断涌入机舱，船舶主机控制系统短路，红色警报此起彼伏。

此刻，救助船犹如一叶扁舟，在波峰浪谷忽上忽下，如果失去动力,在惊涛骇浪中随时都有翻沉的危险,情况万分危急!作为轮机长,裴继文沉着冷静,组织全体轮机人员妥善处理机舱进水问题,同时对主机采取临时应急控制……风口浪尖,他率领轮机部门人员扎根机舱整整三天三夜,一步都不敢离开,一刻也不敢放松。

"船舶在剧烈地颠簸,我站在机舱里剧烈地呕吐着,眼看机舱进水越来越严重,自己连站稳都很困难,那个时候我感觉到了前所未有的绝望……"时任三管轮的林斌回忆。就在大家陷入慌乱之时,裴继文却镇定自若地站在那里,有序指挥着大家开展抢险工作。

"在一片狼藉的机舱里看到他高大魁梧的身躯,我们感受到了前所未有的安全。"林斌说道。在裴继文的带领下,船舶"心脏"始终保持着强有力的"心跳","德进"轮在狂风巨浪中化险为夷。

救助"海洋石油699"轮

多年来,裴继文在危急面前始终冷静应对,无论是救助外籍船"庞贝"号,还是"南海救101"轮北上渤海湾值班待命,抑或是抗击"珍珠""碧利斯""格美"等强台风……裴继文总是出现在最危险、最需要的地方。参加工作30年来，他参与重大救助行动50余次，所在船舶救助遇险人员200多人。

一种精神，本色从未改

小到一颗螺丝钉，大到一台主机，任何隐患都逃不过他的"法眼"。

30年来，作为船舶机舱设备的维护者，裴继文精益求精，绝不放过任何一处隐患，严格确保船上的每一根管道、每一个阀门、每一台设备都安全适航。

职业生涯中在多条救助船工作过的他，每次上船后的第一件事，就是对所有的机器设备进行彻底的摸底排查，充分掌握上千种设备的工况，做到胸中有数、心里有底。

检查拖缆机

工作中,他极力推行落实定置管理,对船舶工作场所和生活场所中的物资进行科学规划;他秉持"故障不过夜"的管理理念,发现故障立即解决,绝不拖延;他还要求自己和整个轮机部人员"坚持从最不利的角度、最坏的打算去做准备,绝不打无准备之仗",更不允许有半点弄虚作假和安全隐患存在。

检查主机

检查主机运行参数

生的希望 / 生死一线党旗扬

"老裴人是鼎鼎大名,技术更让人佩服。"三管轮柳卓超谈到记忆中印象最深的一件事时这样说。有一次船舶分油机发生故障,始终无法解决。当大家束手无策时,裴继文仔细阅读研究说明书并勘查现场,随后他在向心泵分离端盖上钻出直径约1毫米的小孔,困难迎刃而解。

"1毫米,不及一颗芝麻粒大的尺寸。"柳卓超告诉记者,在场所有人都惊呆了,对裴继文也更加敬佩。

一句"老裴",经久终不渝

救助船员们都喜欢亲切地称呼他"老裴",裴继文也一直觉得,他能有今天的技术和荣誉,是一代代救助人倾囊相授、接续奋斗的结果。作为救助技能薪火相传的受益者,他也甘愿当一名传承者,通过"传帮带"把技术一棒一棒地传递下去。

带领年轻人检修设备

担任轮机长以来,裴继文积极参与重大救助案例的分析工作,做好对年轻人的"传帮带",大到新船机器设备的工作原理、主辅机的拆装维修,小到钳工、焊工工艺,他总是不厌其烦、毫无保留地倾囊相授。

检修主机高压油泵

讲解配电板操作

培训车床操作

指导二管轮调整分油机参数

老话说"教会徒弟,饿死师傅",但裴继文从不这么认为。他愿意成为年轻人的指路明灯。曾与他搭档过的人都说,老裴是培训轮机人才的能手,跟着他干,受益匪浅,和他搭档能学到许多东西,这些东西对工作和生活都有巨大的作用。

"老裴非常注重实践培养,当我们遇到从没见过的'拦路虎',他总是不厌其烦,详细讲解分析故障出现的原因及解决方法。有时也不直接点明,而是在关键处加以点拨,让我们自己领悟。经过他的讲解和分析,我们经常会有恍然大悟的感觉,再实践起来上手就快,跟着他学,积累了不少解决问题的宝贵经验和方法。"曾任轮机员的蔡一波回忆说。裴继文不仅是他的技术导师,也是他的人生导师,裴师傅的谆谆教诲让他受益至今。

全国五一劳动奖章获得者裴继文参加
2019年广东省庆祝"五一"国际劳动节暨劳模表彰大会

在裴继文的概念里,"传帮带"这三个字既是上级要求的一项任务,也是船舶日常管理的一个重点,是他与同事之间"心与心的交流"。

只有"传帮带"工作做好了，青年船员才能加快成长，海上救助事业才能持续发展。

谈及荣誉，裴继文认为："全国五一劳动奖章这份沉甸甸的成绩和荣誉，每一位救助人都是它的创造者，都是劳动与奋斗的主角。"面对未来，他表示将继续扎根一线，一步一个脚印，和大家一起踏踏实实干好每一项工作，尽心尽力完成每一项任务，在筑梦南海的新征程上，争取再创佳绩。

用忠诚和担当守护一方水域平安

—— 记广州市消防救援支队水上消防救援站船长　邓洪

从事水上救援工作32年，完成重大水上灭火和应急救援战斗1200余次，先后2次荣立个人一等功……

邓　洪

这就是广州市消防救援支队水上消防救援站船长、一级消防长、中共党员邓洪。1993年3月入党的他用全部的青春和力量守卫广州水域安宁、人民安康，先后入选中宣部第一批"全国岗位学雷锋标兵"、公安部消防局第三届"十大杰出消防卫士"，并荣获公安部政治部、应急管理部消防救援局"优秀共产党员"等荣誉称号。

邓洪驾船巡航

32 年水域情：
一名老党员对党忠诚的无悔坚守

32 年前，珠江水域航运逐渐繁忙，大型油轮频繁靠泊，沿江油库、危险化学品仓库与日俱增，消防工作形势日益严峻。作为珠江水域唯一专业水上消防救援力量的广州水上消防部队，刚刚加入其中的"新兵"邓洪，就已感觉到了沉甸甸的责任和压力。

为了熟练掌握消防船水炮操作技术，邓洪每天坚持练习 3 个小时以上，即使手掌被磨得血肉模糊，也只是用纱布缠绕手掌，而后继续练习。

正是凭着这股坚韧不拔的意志，入伍第 3 年，邓洪就成为队里有名的"神枪手"。也正是因为他过硬的消防船操作技术，1993 年，邓洪光荣地加入了中国共产党。

从事水上救援工作30多年,邓洪见证了广州这座城市的崛起和广州消防事业的发展,但他和家人团聚的次数屈指可数。

每逢节假日,便是邓洪需要坚守巡航的日子,他只能在工作的间隙,匆匆与家人打电话诉说思念和牵挂。

"其他同学的爸爸都来开家长会了,就你不来。"女儿小时候的

邓洪检修船上设备

一句责怪,让对不起家人的愧疚,更是一直萦绕在邓洪心间,但他丝毫不后悔选择这份职业,数十年如一日守护这片水域,展现了一名老党员对事业的忠诚与坚守。

32年血与火:
一名老党员竭诚为民的无畏冲锋

相较于陆地火灾,水上火灾事故发生次数虽少,但扑救难度远远大于前者。

因此,每起水上火灾事故,对参与救援的消防船驾驶员而言都是严峻的考验。而在32年的水上救援生涯中,邓洪凭借过硬的业务素质和丰富的实战经验,早已让自己与消防船融为一体。无论是船只停放

位置的判断，还是对水炮供水量的把控，他都能精准把握，这成为他穿越火海的底气，也帮助他成功完成一次次惊心动魄的救援任务。

2002年11月15日，广州市番禺区番龙油囤发生大火，在江面形成数百平方米的流淌火。

火借风势，风助火威。流淌的"火海"向下游液化气站缓慢移动，如果不及时扑灭大面积的流淌火，引发液化气站爆炸，后果将不堪设想。

在这千钧一发之际，邓洪顶着皮肤被灼伤的剧痛和浓烟的侵袭，深入火海坚守阵地30余小时，带领消防船顶在了江面流淌火的最前沿，以血肉之躯守住了"水上保卫战"的最后一条防线，用行动证明了一名共产党人的信念。他也因此荣立个人一等功。

对已经参与过1200余次水上灭火战斗的邓洪而言，像这样面临生死考验的时刻数不胜数，但他毫不畏惧、从不退缩，始终牢记自己是一名光荣的共产党员，维护人民群众生命财产安全是最崇高的使命。

如今，只要警铃响起，已近50岁的邓洪，一如既往急急奔赴现场，守卫着水域安宁。

32年倾囊授：
一名老党员红色基因的血脉传承

32年的时间里，邓洪凭着刻苦钻研取得了船长资格证书，更是凭借丰富的经验和过硬的驾驶技术，成为广州水上消防的领头人。

"自己的技艺再精湛，也总有离开队伍的那一天。"已年近半百的邓洪清楚地知道，只有为队伍培养出更多优秀的人才，才能把自己对水上消防事业的这份热爱传承下去。

近些年，邓洪在工作之外格外注重"传帮带"，在日常工作中将自己的业务知识、驾驶经验毫无保留地传授给一批又一批新的船员、舵手、船长。

邓洪指导船员进行操船训练

32年来，邓洪"手把手"培养出船长15人、轮机员20人，其中绝大部分成了水上消防救援站的骨干力量，在水上灭火救援中发挥着重要的作用。

32年来，不少地方企业想用高薪聘请邓洪，但都被他拒绝了。因为他始终牢记，是党培养了他，是消防队伍磨砺了他，是消防事业成就了他，国家还需要他，他要将毕生精力献给自己所热爱的消防事业。

32年来，从"穗消01号"到"穗消06号"，从消防部队的义务兵"小邓"到国家综合性消防救援队伍的一级消防长"老邓"……变的是更新迭代的消防船和他两鬓诉说着岁月沧桑的根根白发，不变的是他始终坚守岗位、守护水域安宁的忠诚与担当。

珠水绵绵，铁汉柔情。邓洪把自己全部的青春和热血奉献给了广州水上消防事业，守卫珠江水域 30 余载的他用执着的坚守传承了广州消防精神，用永恒的热情谱写了一曲消防战舰上的不朽战歌。

邓洪检修船上设备

驻守长江鄂东段的"逆行先锋"

——记黄石海事局党群工作部　孔静

他，是勇闯火场的"逆行先锋"。

他，也是群众心中的"孔劳模"。

他，更是同事眼中的"孔铁人"。

他就是孔静，黄石海事局党群工作部一级高级主办，一位有着26年党龄的老党员。

孔　静

不畏艰难险阻的"逆行先锋"

2019年7月16日，一艘工程船在黄石小湾矶附近起火，要求立即出艇救助。带队赶到现场后，作为现场总指挥的孔静率先上船，奋不顾身带领救援小组冲进火场，成为不畏艰难险阻的最美"逆行先锋"。船上6个煤气罐、10个氧气瓶在烈火中炙烤，随时有爆炸危险。孔静不顾个人安危，多次冲上起火船只，深入火场灭火，抢救煤气罐和氧气瓶。这已不是孔静第一次冲锋在前了。

2016年7月22日，长江蕲春段团林岸发生崩窝险情。危急时刻，孔静带领海事人员冲在一线，连续在现场驻守20多个小时，为抢险胜利提供了坚实的水上保障。

2016年11月24日，一艘失控船顺江漂流，有碰撞黄石长江大桥的危险。关键时刻，又是孔静，带领海事救援人员，不顾自身安危，操控海巡艇成功拖带失控船舶系靠码头，避免了一次撞桥事故的发生。

……

据统计，截至2021年底，30多年来孔静参与救助落水遇险人员500余人次，救助遇险船舶200余艘次，为减少人民群众生命财产损失作出了卓越贡献。

心系群众福祉的"孔劳模"

1985年参加工作以来，孔静从船舶驾驶员到黄石大桥站值班员，从站长到海事处处长，一路走来，虽然岗位在变、职责在变，但心系群众福祉的初心始终没有变过。

2006年，孔静任职鄂州海事处处长。

在当地，每逢5月和10月都是鄂州罗湖洲当地的"农忙渡"时间，当地2000多名农民抢收的百万斤粮食，会通过罗霍村渡口运送出去。

为确保"农忙渡"期间的安全，孔静披星戴月，早起晚归，率领鄂州海事处执法人员，精心维护着渡口秩序。在孔静任期内，"农忙渡"期间没有发生过一起事故。

维护安全之余，孔静还深入群众中调研，撰写文章，呼吁当地政府在罗湖洲上架桥，彻底解决粮食运输问题。

如今的罗湖洲已架起了桥梁，"粮食大抢收"依旧每年上演，但"农忙渡"却没有了踪影。当地农民说，是海事人帮他们获得了便捷、安全的交通设施。

2012年，孔静任黄石港区海事处处长。岗位变了，但是他贴近群众的心依然未变。

黄石城区有一趟轮渡，被当地人称为"菜农渡"。每天清晨，江北大量菜农通过轮渡前往江南的黄石城区贩卖新鲜蔬菜，确保轮渡的安全尤为重要。

为此，孔静在天蒙蒙亮时，就会督促港区海事处执法队员，前去维护"菜农渡"的航行安全。同样，在他任职黄石港区海事处处长期间，"菜农渡"未发生过一起安全事故。

2016年，孔静当选黄石市西塞山区人大代表，他觉得自己肩上的担子更重了。他不仅为环卫工人、福利院老人等群体奉献爱心，还为保护一江清水奔走呼吁，时刻践行着人民代表为人民的承诺。

黄石轮渡一艘老趸船船况较差，轮渡公司因效益不佳无财力更新改造，成了"老大难"问题。孔静心急如焚，思索对策。他向黄石市委领导建言，争取到了市里专项帮扶资金，消除了安全隐患。

此外，在了解到西塞山区环卫工人因工作原因容易误了吃饭时间后，孔静主动在港区设置了爱心食堂，解决环卫工人的吃饭问题。

铁面无私的"孔铁人"

孔静之所以被叫作"孔铁人"，除了敬业担当、敢于牺牲外，还有一个重要原因，就是他铁面无私，面对违法行为不讲情面。

公生明，廉生威。孔静时刻牢记这一点，不管是从前还是现在，时刻绷紧廉洁自律这根弦，从严修身律己，清清白白做人，干干净净做事。

"我们与他一起巡航，不少船方都怕孔静给自己的船做安全检查。因为孔静检查细致，铁面无私。"孔静曾经的同事刘珅介绍。一般海事人员做安检，大约1个小时就能完成，可孔静做安全检查，时间差不多要增加1倍。

少数船方被查出问题后，想走旁门左道，托人、托关系给孔静送礼，希望孔静能高抬贵手，但这些送礼、请托都被孔静的"铁面"挡了回去。后来大家慢慢也都知道了，一旦被孔静查出有问题，除了整改，没有其他途径可想。

从2006年起，孔静多次获得"交通运输部优秀共产党员""长江航务管理局优秀共产党员""优秀党务工作者"等荣誉称号。2008年，孔静同志荣获"湖北五一劳动奖章"。从2003年到2018年，15年的年度考核中，孔静13次被认定为优秀。他还曾荣获集体三等功1次、个人三等功1次。

面对这些荣誉，孔静从未骄傲自满，除了加强自身建设，他还做好传承工作。严带队、精带兵，在孔静的教育和影响下，他所在单位有1人成为黄石"五一劳动奖章"获得者，1人成为长江海事局"泽炎式"标兵，3人被授予长江海事局"青年岗位能手"称号。

守护一方水域　保障一方平安

——记水上搜救退休老党员　陈平

全国海员工会"金锚奖"获得者、苏州市劳动模范、曾任张家港海事局"海巡0879"艇船长的陈平,是张家港海事局先进典型的代表。

陈　平

他数十年如一日,坚守在平淡枯燥的船员岗位上,以一名45年党龄的优秀共产党员的姿态,在平凡的岗位上做出了不平凡的业绩,同时以自身的一言一行,发挥着典型的示范引领作用,为青年职工树立爱岗敬业、无私奉献、刻苦学习、积极向上的榜样。

陈平同志在工作

做钻研业务、精益求精的表率

作为一名船长、一名老党员,陈平时刻以高标准严格要求自己。通过多年的摸索,根据航道特点和潮汐变化规律,结合船舶特性,陈平研究探索出了一套监督维护和现场巡航管理的有效方案,并一次次成功地付诸实践,多次为中外船舶排除险情,避免了重大事故险情的发生。

在坚持不懈的学习中,陈平不仅练就了过硬的驾驶本领,在船艇维修保养上也成了行家里手。2009年10月,"海巡0878"艇进厂检修,为让船艇尽快投入运行,缓解海事局船艇紧张、巡航任务重的困难局面,时任该艇船长的陈平带领船员主动扩大自修项目,既节约了费用,又为海巡艇尽快恢复正常运行节省了大量时间。

陈平指导船舶安全航行

为带动船员共同提高，陈平总是无私传授技术，并在实际操作中加以指导、点拨。他曾工作过的"海巡0873"艇被过往船舶和广大驾引人员称为"万里长江上维护最到位、执法最规范、服务最热情的海事巡逻艇"，多次被长江港监和江苏海事局评为优秀船艇。2008年，他所在的"海巡0878"艇获得了全国水运系统"优秀船艇"殊荣。

"海巡0873"艇船长陈平在为超大型海轮护航

做爱岗敬业、无私奉献的表率

陈平对待工作始终任劳任怨、无私奉献，他的劳模精神成为海事青年职工的表率。

2008年北京奥运会、2010年上海世界博览会期间，海巡艇航行时间从每天7～8个小时增加到了10个多小时，陈平始终和年轻人一样坚守在现场。

2011年春节期间，"海巡0879"艇实行三班制试运行，为让船员们熟悉船艇操作，保证航行安全，陈平一直在现场指导，等其他人过完春节返岗，他才回家休息，连续工作了10多天。陈平崇高的敬业精神使船员们深受感动。

爱岗敬业的奉献者陈平

工作在船上，陈平对船艇有着很深的感情。只要他当班，总是天不亮就起床，把船艇的每一个角落都打扫得干干净净，然后再安排好一天的工作；晚上休息前，他总要把当天的工作情况做一个总结，再认真地将船舶驾驶设备检查一遍，确保船舶时时处于安全出航状态。

2010年11月8日17时左右，一艘计划靠泊张家港永嘉码头16号泊位的3000多总吨的集装箱船突然偏离航线，向"苏海事趸48"海事趸船撞去。当时停靠在趸船外侧的"海巡0879"艇距失去控制的集装箱船仅10多米距离。

陈平奋不顾身地冲上去，用"靠球"遮挡在碰撞点。在陈平和船员们的努力下，船艇损失降到了最低，"海巡0879"艇及船上人员也受到了局领导的高度赞扬。

做亲民爱民、廉洁奉公的表率

海巡艇是直接与行政相对人打交道的"流动窗口"，陈平十分注重海事形象，带头做到亲民爱民、廉洁执法。许多经常过往张家港的船员还与他成了朋友，每次水上相逢都要通过高频问个好、道个平安。

同是长江"走船人"，陈平深知船民朋友的辛苦。在认真做好各类船舶的维护、全力保障长江通航秩序的同时，他对船民更是关怀备至。

2010年3月22日凌晨，值完夜班、刚刚完成夜航任务的陈平正准备休息，突然接到通知，一艘黄砂船搁浅，随时有沉没危险，且船上有两名船员。

彼时长江上风雨交加、天寒地冻，陈平什么都顾不得，立即开航赶往现场。凭着过硬的搜救技能，不到半小时，陈平就发现了目标，成功将其救起，陈平取出平时准备的衣服让他们换上。回到趸船后，他一边帮船员烘烤湿衣，一边为他们联系家人。在陈平的帮助下，二人终于安全回家，而他却一夜未睡。

陈平不仅工作出色，更讲究"干净"。

他常说："只要我拿了人家一分钱，我就会留下一辈子都洗不掉的污点。"

多年来，他倡导不吃服务对象一顿饭，不抽服务对象一根烟，不拿服务对象一分钱，并在巡逻辖区公开承诺，自觉接受群众监督。

"抓廉政建设就是要抓源头，这个源头就是人的思想，思想纯洁了，歪门邪道自然就会消失。一个人活在世上，要凭良心，要讲正气，我们海事人员在对外检查中要做到钱不收一分，烟不拿一包，饭不吃一顿。"在多年的执法活动中，陈平从未做过一件违规的事。作为一船之长，除自己严格执行有关廉政建设规定，自觉抵制各种不正之风外，陈平始终把加强党风廉政建设、提高船艇人员的思想政治素质作为自己的一项神圣的职责和使命，以一身正气赢得了中外船舶的高度赞扬。

2010年，陈平同志荣获"真心英雄——张家港2010年度新闻人物"和张家港市"优秀共产党员"称号。

生的希望 / 生死一线党旗扬

陈平获评"真心英雄——张家港2010年度新闻人物"

做海上安全的"守护人"

——记宁波象山海事处海巡艇总船长 俞奇华

三十三年坚守初心,三十三载本色依旧。

俞奇华,宁波象山海事处总船长、主力船艇"海巡0717"艇船长,是一名有着33年党龄的老党员,更是一名退伍不褪色的"海事人"。

33年来,俞奇华誓做海上安全"守护人",先后参与辖区海上险情救助300余起,成功帮助600余人顺利脱险,以赤诚之心守护一方水域安全。

宁波象山海事处海巡艇总船长俞奇华在工作

生的希望 / 生死一线党旗扬

关键时刻　冲锋在前彰显党员本色

"关键时刻就得带头冲在最前线，必须时刻把人民的生命财产安全放在第一位！"

纵观俞奇华的职业生涯，他始终用实际行动，践行着自己作为一名老党员的庄重承诺。

2019年，超强台风"利奇马"突袭宁波，因腰椎疾病已经入院治疗的俞奇华，果断办理出院手续返回工作岗位，连续7天6夜枕戈待旦，时刻确保辖区水域安全。

台风期间，石浦港内锚泊的一艘120米长内河扣押船不幸走锚，在大风浪中像一头野蛮的"海牛"，冲向下游的桌船厂。若不及时控制，后果不堪设想。

面对紧急情况，驾驶"海巡0717"艇赶到现场的俞奇华，凭借着自己果敢的勇气和高超的船艺，抓住稍纵即逝的风浪间隙靠近失控船舶，成功将船上3名留守船员救下。同时，他还镇定地指挥工程船将事故船锚定，最终在距离船厂码头150米处将这头"海牛"拴住。

像这样的救助行动，在俞奇华的职业生涯中不胜枚举。

18万吨级"恒胜"轮船员视网膜脱落急需救援，原本休假的俞奇华立即赶赴船艇，深夜疾驰40余海里成功将船员接回。

"浙象渔25303"轮在台风"米娜"中搁浅，船体倾斜，船上4名船员急需救助，俞奇华第一时间出艇将人员救下。

"亚敏18"轮与"浙象渔43002"轮碰撞，俞奇华火速出发，成功救助 8 名人员。

……

2021年3月1日,救助散货船"宏鑫6"轮受伤的三副

2021年8月17日,救助"浙岭渔23801"轮上发生硫化氢中毒的3名船员

生的希望 / 生死一线党旗扬

危急关头　沉着冷静应对突发险情

哪里有人命险情,哪里就有俞奇华的身影。

象山海事处辖区水域广袤,中国六大渔港之一的石浦港坐落于此,是商渔船航路的重要十字路口,商渔船碰撞险情时有发生。因此,无论清晨与深夜,无论平时与假日,俞奇华始终坚守在海上人员搜救一线。

2018年7月11日,象山石浦镇檀头山岛东北侧有一渔船沉没,11名船员在船,情况十分危急!

接到上级指令后,俞奇华立即带领全船人员进入战备状态,直奔搜救现场。

此时,台风"玛莉亚"正在象山沿海盘桓,海面风力高达10级,40米级的"海巡0717"艇在狂风巨浪中前行,一个浪头接一个浪头直接涌进船舱,很快船艇舵机失灵、主机失控,船艇在海浪中随波逐流。

前方,檀头山岛东北侧水域的众多礁石在海浪翻腾间时隐时现,"海巡0717"艇面对着入列来最危急的一次考验……

俞奇华临危不惧,他一边向上级搜救中心通报船况险情,一边要求轮机部立即操纵应急舵,同时不断给全体船员鼓劲打气。

船长的沉着镇定、有条不紊,极大地鼓舞了全体船员。最终,在大家的共同努力下,"海巡0717"艇克服千难万阻,平安返回石浦港,进行紧急抢修。

日常监管　未雨绸缪维护船艇安全

"干一行，爱一行，精一行。"这是俞奇华工作的准则和信条。

为提升船员海上突发事件应急处置能力，身为3艘船艇总船长的俞奇华极为注重船员的日常培训，定期召开船艇安全会议，加强对船员的专业知识、政策法规以及相关技能的培训，力争帮助每位船员成为熟悉情况、精通业务的行家里手；根据每位船员自身特点及专业优势，合理分工，极大增强了船艇协同和快速反应能力；结合海巡艇和辖区特点摸索出一套最佳航线，大幅节约救援时间。

"工欲善其事，必先利其器。"

俞奇华注重船艇的日常维护，力求把船艇管理工作做精、做实、做细。他按照船艇安全管理体系要求，狠抓管、用、养、修各项工作，保证船艇能够出色完成日常监管任务，同时在关键时刻能发挥出良好的使用状态。

在他的努力推动下，象山海事处3艘船艇均已建立规范化管理体系，保证船艇处于随时可用状态，时刻彰显着半军事化管理的良好风范，对外展示了良好的船艇、船员

俞奇华检查船上设备

队伍风貌，为海事树立了安全、严谨的执法形象。

未雨绸缪，工作做在平时。

海事万象，俱在象山。无论是海事监管、巡航救助、保障群众出行，还是助推水域旅游发展，俞奇华驾驶"海巡0717"艇直面挑战。在一次次辖区例行巡航或者联合执法活动中，他永远都是排头兵，冲在最前线；在一次次紧急突发救援中，他永远都雷厉风行、敢为敢冲；在一次次服务群众出行的保障中，他永远都尽职尽责、尽善尽美。

俞奇华驾驶"海巡0717"艇巡航

一心扑在救捞事业上的"铁骨汉子"

——记广州打捞局工程船总监、高级潜水员 钟松民

用一次次的成功救助，谱写一曲曲感人至深的生命乐章。

这便是钟松民，高级潜水员，现任"华天龙"工程船总监，交通运输系统应急救助抢险打捞专家。1993年7月参加工作以来，他在海上抢险打捞任务中出生入死，先后参加了著名的"南海Ⅰ号"古沉船打捞，以及"气运881"液化气船、"夏长"轮、"海洋石油699"轮等

钟松民在救捞现场指挥

60多艘沉船的抢险打捞任务，诠释了"把生的希望送给别人，把死的危险留给自己"的崇高救捞精神。

为此，钟松民先后多次获得救捞系统"救捞功臣""救捞勇士""救捞标兵"和"先进个人"等荣誉称号，2014年被评为"全国交通运输系统先进工作者"，2015年荣获"全国先进工作者"称号。2017年，钟松民当选党的十九大代表。

敢与"死神"握手的打捞人

每一次打捞，钟松民都冲锋在前、不畏艰险、勇于实践、活学巧干，在关键时刻发挥关键作用，出色完成各项任务。

1998年11月，钟松民带领"南天马"潜水分队参加翻沉于珠海洪湾水道的中国首例液化气沉船"华远"号的打捞工作。

彼时，距在珠海召开的第二届中国国际航空航天博览会开幕仅3天。面对没有先例可循、不断在泄气的"巨型水下炸弹"，钟松民带队率先潜入摇摆不定的翻扣船内，冒着随时可能发生爆炸的风险，快速精准地完成了探摸、堵漏任务，为制定科学安全的打捞方案和成功打捞提供了宝贵的水下资料。

"华远"号打捞工作的顺利完成，为珠海、澳门排除了一个"巨型水下炸弹"。

2009年9月15日，巴拿马籍7万吨级集装箱船"圣狄"轮受台风"巨爵"袭击，在珠海高栏岛东南长嘴角触礁搁浅，船体破损，燃油泄漏，对周边海域环境构成严重威胁。接到紧急任务通知后，钟松民立即带领应急潜水分队赶赴现场,执行探摸、清油污等救助工作。

难船破损处的钢板十分锋利,附近涌浪暗流强劲,潜水员靠近裂口的难度和风险都很大,一不小心就可能被割伤,甚至威胁到生命。

面对此种情况,钟松民毫不犹豫地挺身而出,冒着巨大的危险,多次主动下潜到满是重油的船舱底部进行探摸,最终成功找到裂口,为制定科学的施工方案提供了关键信息。

台风"巨爵"离去不久,"凯萨娜"又紧随而来。在救助打捞进行到关键时刻,难船船体在"凯萨娜"掀起的惊涛骇浪中折断,就当现场搜救人员即将撤离时,钟松民不顾危险,艰难扶爬到海面以下18米的机舱中,拍摄并记录每个油舱的位置,为后续清油污工作的完成提供了关键的技术资料。

创造世界最大沉船整体打捞纪录

2013年8月14日,受年内第11号强台风"尤特"影响,5.7万吨级散货船"TRANS SUMMER"轮("夏长"轮)在珠江口左倾沉没。该船满载5万多吨货物,自身即达1.1万吨。

"夏长"轮沉没后,船上燃油不断泄漏,对周围海域造成了较严重的环境污染,情况万分危急。

接到任务后,钟松民临危受命,带领"南天龙"工程船紧急赶赴现场。他第一个下水探摸,制定并实施水下封堵漏油点方案,第一时间控制难船燃油泄漏局面,并使用水下开孔设备进行水下开孔抽油。面对一套初次投入实战的水下设备,他活学巧用,根据水下特殊工况,大胆改进，创造性地设计并制作抽油法兰板，减少开孔量，简化水下操作，快速开孔，成功抽取沉船船舱内几百立方米的燃油，避免了一场灾难性的油污染事故。

搜救过程中，钟松民作为打捞项目组副经理兼安全总监，组织船上工程人员和技术人员制定卸货、板正、整体抬浮的打捞方案，创造性地实施一系列全新打捞工艺。他还带领"南天龙"工程船在现场连续奋战超过10个月，多次在关键时刻主动下水，解决施工过程中遇到的急难险重问题，为沉船的成功打捞尽责尽力。

一心扑在救捞事业上的铁骨汉子

有人说，船员是世上最硬的汉子。

他们不但要有强健的体魄，更要有坚忍的意志。作为一名救捞人，钟松民确实有着常人难以企及的坚强和勇敢，是一位不折不扣的铁骨汉子。

在探摸10万吨级货轮时，钟松民曾在水里因氧气瓶断气而失去知觉；在进行打码挂钩时，他曾差点被摆动的吊络夹破头，连头骨都已经变形发胀变软，危在旦夕……

多少次的出生入死，钟松民都无所畏惧，大家都说他是"拼命三郎"。可是这位铁骨铮铮的汉子，在面对亲人的疾病和求助时却泪流满面，变得无所适从，对家人的愧疚让他内心十分煎熬。

由于工作需要，钟松民常年漂泊海上，一别就是大半年，参加工作29年来，他几乎每年有超过11个月的时间在船上，家里什么事都顾不上。

一心扑在救捞事业上的"铁骨汉子"

钟松民在救捞一线

年仅 20 岁的妹妹重病,钟松民不能陪在她身边。1996 年,妹妹离开人世的时候,他正在赶往探摸潜水的路上,没能见到妹妹最后一面。

1995 年 11 月 25 日上午,钟松民带着准备上船的行李和爱人去办理结婚登记,11 点刚办好手续,连午饭都没吃就马上赶往工地。

1998 年 2 月 19 日,儿子出生了,做了爸爸的他也没在跟前。照顾家里四位老人、三个小孩的重担全压在他爱人身上。

生的希望 / 生死一线党旗扬

2013年9月，钟松民的妻子因强直性脊柱炎复发入院，每次的转身活动都痛苦万分。此时，"夏长"轮打捞工作进入关键节点，钟松民一旦离开，打捞工作将陷入停滞。他只能忍着内心的痛苦和无比亏欠，留在打捞工地继续完成任务。

多年来，在钟松民的理念中，抢险救灾、履行职责就是救捞人的天职，每次看到一个个被救人员与家人的团聚，一个个危及人民生命财产的险情被成功处置，一次次危及生态环境的污染被控制，他就心潮澎湃，斗志昂扬，即便再苦再累也无怨无悔。他和他带领的团队，与海搏击，出生入死，一心扑在救捞事业上，用实际行动践行了"把生的希望送给别人，把死的危险留给自己"的救捞精神！

我用百分之百护你万分之一

—— 记烟台打捞局液体危化品船 "光汇 616" 轮应急抢险队

2020 年 6 月 4 日，石岛海域，载有 6464 立方米液体危化品的 "光汇 616" 轮突发舱内泄漏，爆炸一触即发，船舶紧急抛锚停航，16 名船员弃船逃生！

关键时刻，由烟台打捞局 28 名勇士组建的 "光汇 616" 轮应急抢险队决然出征，登船抢险，竭尽全力，分秒必争，科学施救，历经 6 天 6 夜的持续奋战，克服重重困难，圆满完成 "光汇 616" 轮应急抢险任务，有效化解了重大安全事故与海洋环境污染风险，倾情演绎了烟台打捞人舍生忘死、安危与共、众志成城的豪迈壮举。

危急时刻，闻令而动勇冲锋

6 月 4 日上午 10 时，载有 1902 立方米混合芳烃、4562 立方米甲基叔丁基醚的 "光汇 616" 轮，在途经山东威海石岛锚地时突发甲基叔丁基醚在舱内泄漏并进入泵舱的事故。

这两种液体危化品具有高挥发性、高刺激性和高毒害性，且燃点低，在限制空间内极易发生爆炸。而一旦发生爆炸，将对船舶人命财产安全、通航安全、海洋环境与海洋经济带来灾难性后果。

关键时刻，作为我国北方唯一一支国家海上应急抢险打捞专业力量，烟台打捞局"光汇616"轮应急抢险队挺身而出，扛起了救民于水火、救船于危难的重任。

科学谋划，果断处置定良策

在烟台打捞局40多年的发展历程中，应急抢险人员还是首次面对此类液体危化品的应急抢险工作，没有任何经验可言。摆在抢险队员面前的首要问题是如何安全处置这6000多立方米的危化品。

空中俯瞰"光汇616"轮

为此，应急抢险队技术人员查阅了大量的资料，全面掌握危化品特性，研究方案对策，制定难船充氮惰化、危化品紧急过驳的方案，并通过了指挥部与专家组的评审。

6月，石岛海域南风盛行、浪高涌急、大雾多发，普通接驳船与作业支持船靠泊都很困难，更别说要对一艘极易发生爆炸的液体危化品运输船进行过驳作业。

"设立200米核心作业区、700米警戒区、疏散2公里内非作业人员……"危急时刻，指挥人员科学研判，果断决策，提出了具体方案，并经紧急论证后进一步完善，在与各部门协商后，最终通过了指挥部和专家组评审，并得到了威海市委、市政府的批准同意。

直面风险，党员带头首战捷

6月9日，决战"光汇616"轮的总攻正式打响。

液体危化品泄漏进舱量未知，舱底破损情况未知，舱内挥发的有毒气体浓度未知……

应急抢险队员唯一确定的就是，船上装载的6464立方米液体危化品燃爆点极低，一丁点的火花和静电都可能引发爆炸，但是摸清船舱情况，尽快安放气体监测仪，为下一步的救援作业提供支撑迫在眉睫。

"我是党员，也是老潜水员，实战经验丰富，我先上。"关键时刻，共产党员杨璐挺身而出，主动请缨。

生的希望 / 生死一线党旗扬

穿戴防化服

潜水员许鹏也说道:"我和杨璐一起打头阵。"两人穿着厚重的防化服,戴上应急呼吸器,手持防爆手电筒,率先登上了难船。

登陆"光汇616"轮

当天近30℃的高温,还未进入船舱,厚重的防化服便已经让两人汗流浃背。

船舱内，防毒面罩不能完全挡住高挥发性的液体危化品，为顺利安装舱底的气体监测仪，同时为了避免产生静电，两人强忍住咳嗽的冲动，一步一步寻找着最佳安放点。

最终，两人首战告捷，将气体监测仪安放好。安全返回后，他们二人便瘫坐在地上，摘下呼吸面具剧烈咳嗽、干呕起来。大家七手八脚地将他们的防护服扒下来后才发现，他们身上的衣服早已湿透，从防护服里倒出来的汗水已经汇流成注。

队员返回

众志成城，化险为夷建奇功

在后续的抢险救援行动中，"光汇616"轮应急抢险队全体队员勇于直面风险，昼夜鏖战。在现场有毒气体不断挥发环境下的长时间作业，让每个人都出现了不同程度的呼吸道灼伤、嗓子红肿、皮肤过敏等身体损伤。

队员登上"光汇616"轮

搜救现场

6月15日18时30分,经过6天6夜的持续奋斗,"光汇616"轮应急抢险任务圆满完成,一起重大安全事故风险被有效化解。

"用百分之百护万分之一。"在"光汇616"轮应急抢险任务中,守护海洋的28位勇士舍生忘死,他们践行的是"把生的希望送给别人,把死的危险留给自己"的救捞精神,展现了烟台打捞人的铮铮誓言与庄严承诺。他们在关键时刻发挥关键作用,在危急关头挺身而出,救民于水火,救船于危难。他们充分发挥党员的先锋模范作用,奋斗在波峰浪谷,担当在漆黑海底,奉献在生死绝境。他们是当之无愧的"海上守护神"。

一切皆因职责所在

——记北海救助局高级救助船长 邹本波

"救人是本能，技能是必备，辛苦是本分。"中国共产党党员、北海救助局高级救助船长邹本波如是说。

2003年6月28日，交通运输部北海救助局正式成立，邹本波以一名专业救助船长的身份开启了新的征程。

北海救助局高级救助船长邹本波

一切皆因职责所在

34年的救助生涯里,他带领团队一次次冲向风口浪尖,先后执行"辽庄渔51092"轮和"光阳新港"轮等重大海上救助抢险任务60余次,成功救助遇险人员400余人、船舶30余艘,挽回财产数亿元,荣获2020年"全国先进工作者"荣誉称号,得到了交通运输部、山东省委、省政府等的通报表彰,以实际行动践行着共产党员的职责使命,守护着我国北部海域的一方平安。

救人是本能

从事海上救助几十年,邹本波秉持着"把生的希望送给别人,把死的危险留给自己"的救捞精神,一次又一次在危难中冲上去,创造了一个又一个惊险感人的救助奇迹……

邹本波船长救助4名船员

2014年冬天,邹本波救助了4名遇险者。

那一次,遇险人员坐在救生筏里时,已经在冰冷的海水里待了近4个小时。邹本波担心他们体力不支,就让水手把遇险人员从救生筏拉进救生吊篮,随后再转移到救助船上。

现在回想起那次救助,邹本波仍旧觉得后怕。

为什么后怕?

"船长操船,大副现场指挥,吊机操作人员操作吊篮,轮机长保证机器正常运行。那天有8级大风,这四个环节一个都不容有失。一旦吊篮失衡,撞上救助船体,后果不堪设想。""北海救116"轮政委王继超解释。

如果重新选择,还会这么做吗?

"肯定会。做这行时间久了,救人都成本能了。"说这话时,邹本波眼里的坚定让人倍感心安。

邹本波船长操船

一切皆因职责所在

邹本波船长操船

技能是必备

2017年8月,"北海救118"轮接到了保障中外航天员海上生存训练的任务。

在邹本波的带领下,全体船员与各单位密切配合,克服参训人员多、项目复杂、训练要求严苛、质量要求高等实际困难,圆满完成了6批次共18名中外航天员的海上生存训练保障任务,得到中国航天员科研训练中心以及交通运输部领导的充分肯定和高度赞扬。

邹本波一次又一次被委以救助重任,并圆满完成任务,既是实力的证明,也是努力的结果。

"安全不是靠我一个人说的,而是需要每一个人去践行的。船上每个人都是安全监督员。"身为救助船长,业务训练和安全工作始终是他亲自抓、狠抓的项目。

　　为了能带出一支敢打敢拼、能征善战的优秀救助队伍，在船期间，他坚持"科学管理、安全发展、齐抓共管、稳步推进"的工作思路，从日常管理和安全两方面入手，有针对性地开展工作。

邹本波船长开会研讨安全工作

　　"每次大型的、关键的、危险的救助任务，邹船长都会带着我们开事前部署会、事后总结会。每次训练后，邹船长也会带着我们对着录像分析总结。"水手长董瀚海说。连船员在甲板上站位不正确这样的小问题，邹本波都会逐一指出来。日积月累，船员的操作越来越规范，业务技能不断提高。

　　同时，邹本波还撰写了《拖带大型储油船直接离码头和出狭窄航道的几处关键性操作》等多篇论文，把自己的丰富救助经验毫无保留地与大家分享，共同提高应急救助能力，为推动海上救助技术进步作出了自己的贡献。

辛苦是本分

2010年7月16日，大连新港附近中石油的1条输油管道发生爆炸，引发火灾，大量原油泄漏入海。

刚刚参加完国家专业救助打捞力量海上救助演练的邹本波来不及休整，便率领"北海救112"轮立即开往大连海域清污。

"北海救112"轮清污

抵达现场后，邹本波发现，此次事故造成的海域污染面积之大远超想象。他立即对全船人员进行分组，明确分工，指挥大家轮流作战。

在清污的最初阶段，尽管有轮休的安排，邹本波却一直坚守在驾驶台上，即使休息也只是蜷在沙发上打个盹。邹本波这种忘我的拼搏精神，带动和鼓舞了全体船员。

在长达40天的清污行动中，"北海救112"轮全体船员始终保持着高昂的斗志，最终赢得了此次清污工作的全面胜利。

"从事救助这份职业，到了船长这个位置，职责所在，累是必然的，辛苦是本分。"事后，每每有人感慨邹本波当时的辛苦，他总是这么回答。

2020年，邹本波荣获"全国先进工作者"这一劳动者最高荣誉。面对领导的祝贺、同事的称赞，他却平静地说："我只是全局数百名优秀船员中的普通一员，感谢组织让我代表大家受领这份荣誉。我自己一定会把这份荣誉带回到工作岗位上，把劳模精神、劳动精神和救助精神发扬光大。"

不驰于空想，不骛于虚声。

尽管拥有34年的搜救经历和全国劳动者最高的荣誉，邹本波却数十年如一日，始终保持着最初的认真和谨慎，在搜救一线尽职履责。那些风轻云淡的描述背后，是邹本波朴实的精神在绽放光芒。

奋战在水域救援一线的特勤工匠

——记南昌市消防救援支队特勤大队大队长　李胜利

2020年7月，鄱阳湖的水位突破有水文记录以来的历史极值。

百年一遇的特大洪水，在赣鄱大地上横冲直撞。一排三层楼的民居，被咆哮的洪水瞬间吞噬；几个老人和小孩，被困在九江一处随时有决堤危险的大堤下……几百米外，一队身着火焰蓝的消防指战员，正穿越泥泞的沼泽地，向此飞奔而来。

在这支队伍中，一面红旗迎风招展，旗上五个大字赫然入目：胜利攻坚队。

跑在队伍最前面的，是一个50岁上下、肤色黝黑的中年人。他就是李胜利，一名有着25年党龄的老党员，南昌市消防救援支队特勤大队大队长，消防战线赫赫有名的英模。

连续奋战，筑牢"橙色堤坝"

灾情发生时，李胜利作为老同志，本可留守辖区，但他第一时间主动请缨奔赴抗洪一线。

上级在得知这一情况后,考虑到李胜利常年扎根水域救援一线,有着丰富的实战经验,同意了李胜利的请求。

在得知这一消息后,李胜利在特勤大队挑选了30名政治素质高、业务能力强的党员骨干组建了抗洪抢险攻坚队。经队员们商议,这支队伍取名为"胜利攻坚队"。

胜利攻坚队

在抗洪抢险救援中,胜利攻坚队在李胜利的带领下一路向水而行,无畏风雨,劈波斩浪,先后转战上饶、南昌、九江等地,成功完成加固进贤县西湖李家防洪堤坝1.6公里、鄱阳县乐丰联圩大堤巡堤排险、永修县三角联圩溃堤堵漏营救、湖口县流芳乡下潜关阀营救、九江市濂溪区新港镇东升坝抢险和九江市濂溪区新港镇抢险救灾等任务,营救、疏散被困群众800余人,固防堤坝近20公里,用实际行动诠释了"人民至上、生命至上"的崇高理念。

在抗洪抢险救援战斗中,李胜利带领胜利攻坚队为人民群众筑起一道道"橙色堤坝",他们的先进事迹被中央电视台、新华社、中国新闻社、《江西日报》等多家主流媒体广泛报道。

劈波斩浪，守护八万群众

南昌市新建区恒湖垦殖场廿四联圩大堤全长 23 公里，是抵御鄱阳湖洪峰的第一道防线，守护着 8 万余名群众和近 18 万亩耕地安全。

汛情来势汹汹，廿四联圩承受着巨大的洪峰压力，受到近百毫米的雨量袭击。由于长时间强降水，廿四联圩大堤内水位高涨，堤坝泡松，险情已迫在眉睫。

"同志们，新建区恒湖垦殖场廿四联圩多处渗水，情况紧急。接市防指命令，要求我部迅速前往处置……同志们有没有信心？"

"有！有！有！"

"登车出发！"

汛情就是命令，经过一段简短的动员后，李胜利和胜利攻坚队又奔赴了第 5 个抗洪抢险处置地——恒湖垦殖场，继续在这圩堤上与"洪魔"抗争。

"治管涌，理泡泉"，一路向水而行、无畏风雨的胜利攻坚队在廿四联圩堤坝上，从割砍灌丛、排查险情，到装沙固堤、筑牢"防洪线"，坚守阵地不退缩。胜利攻坚队以对党的忠诚、援救的初心和队伍的热情，筑牢了恒湖堤坝上的这座"钢铁长城"。

"不辛苦，为人民服务！"背靠水位依旧高涨的恒湖，李胜利斩钉截铁地说下了这句话。

"人民至上，生命至上。"这句话不是一句空洞的口号，而是危

生的希望 / 生死一线党旗扬

难之际的不忘初心。作为攻坚队的代表和抗洪抢险的先锋,牢记使命,始终把恒湖后方的8万农户和18万亩农田放在心上,是李胜利心中一直回荡的声音。

火速援豫,再显铁血担当

2021年7月,河南省郑州市出现"千年一遇"的持续降雨,刷新中国陆地小时降雨量历史纪录。

雨水来势之猛、强度之大,历史罕见。郑东新区出现严重汛情,河道、

李胜利在深水中抽绳拉舟

道路、粮田、路桥涵洞、住房、市政设施等遭受严重损坏，瞬间形成的洪流疯狂吞噬着郑州人民的家园，数以万计的人民群众被洪水围困，生命财产安全受到极大威胁。

收到增援命令的李胜利再次率领胜利攻坚队，随支队增援力量连夜奔袭12个小时，深入郑州东部的中牟县白沙镇参与救援。

在中牟县白沙镇救援行动中，由于冲锋舟发动机故障，年近五十的李胜利带头跳到淹及胸口的深水中抽绳拉舟，以身为桨，以己为舵，护送群众转移至安全地带。

布置行动

在运送各类物资的过程中，他总是与其他年轻消防员一样，一起肩扛手拎。若不是鬓角斑驳的几丝白发，根本无法在一帮壮硕的消防员中把他分辨出来。

在防疫消杀过程中，他和队员们一道，早出晚归，连日对受灾区域进行全面消杀，不落一处、不留死角，每天背着沉重的消杀设备往返于各个防疫消杀任务区域，在默默无闻中为灾后重建贡献力量。

生的希望 / 生死一线党旗扬

对受灾区域进行全面消杀

经过十多天的连续奋战,李胜利带领的胜利攻坚队顺利完成了援豫抗洪任务,以实际行动履行了为人民服务的根本宗旨。

在援豫抗洪战斗中,李胜利率领胜利攻坚队,营救、疏散被困群众1249人,运送各类物资2300余件,辗转多地防疫消杀15.1万平方米,排涝约14万余吨。

运送物资

水火无情,人间有爱。正因为大爱无疆,李胜利才能在基层战斗工作中扎根奉献30年;正因为素质过硬,他才有勇气有底气每一次都冲锋在救援任务第一线;正因为使命在肩,他才能义无反顾赴汤蹈火,以主动作为竖起一面"消防战士"的旗帜,践行"对党忠诚、纪律严明、赴汤蹈火、竭诚为民"的铮铮誓言!

从事消防工作30年,李胜利荣立一等功2次、二等功2次、三等功5次,被团中央等12部委授予"中国优秀青年卫士"称号,被公安部表彰为"全国优秀人民警察",被江西省委授予"江西杰出青年卫士"称号。

不爱红装爱蓝装

——记佛山蓝天救援队 万雯辉

无论是水域搜救、山野搜索,还是高空救援、声呐探测,抑或是车辆施救、无线电通信支援……

在广东的这片热土上,经常能看到佛山蓝天救援队奔波忙碌的场景,但很少有人知道,这支铁骨铮铮、雷厉风行、作风优良、屡立奇功的公益免费救援队,领头人竟然是一名女性。

万雯辉

她就是万雯辉,一名共产党员,不爱红装爱蓝装,心系救援公益事业。她不计名利得失,日夜穿梭在水上应急救援的现场。

用自己的力量帮助他人

2000年,出生于江西赣州的万雯辉,随丈夫到广东佛山打工。在佛山,夫妻二人办厂创业。凭着勤奋细心、吃苦耐劳的精神,他们很快就拥有了一笔财富。

2008年,"5·12"汶川地震突如其来。电视上大楼坍塌、灾民无助的景象深深地触动了万雯辉,她深刻感受到了生命的脆弱,也萌发了尽自己所能帮助他人的念头。

2009年,广东救援辅助队招收学员,教授急救、高空抢险等应急救援知识。万雯辉毫不犹豫地报了名。

万雯辉与队友执行夜间搜救任务

在为期两个月的培训中,万雯辉接受了系统的救援技能培训,并陆续考取了国家紧急救助员证、中国红十字会急救员证、国际搜救教练联盟（IRIA）国际水域救援指挥官证等十多项专业救援资格证。

2010年，毕业之后的万雯辉加入广州蓝天救援队，并多次参与了救援行动。

2014年8月，万雯辉牵头成立了佛山市蓝天救援队，并担任队长。

队伍成立后，万雯辉自掏腰包，先后投入几十万元购买专业的救援装备，并广泛吸纳热心社会公益事业的户外运动爱好者。以水域救援和山野救援为特色的佛山蓝天救援队逐渐成军。

救助遇险儿童

截至2021年，佛山蓝天救援队已吸纳来自各行各业的队员共80名，其中40多人是专业救援队员。队内除有高空绳索、无线电、水域救援专业设备等外，还配备了数套3D水下声呐系统，多次在应急救援中发挥重要作用。

7年来，万雯辉先后参与743次公益救援，帮助6000余人，个人志愿服务时长超过10000小时；参与的救援类型涵盖水域救援、山野救援，延伸到高空救援、城市救援、自然灾害救援等，先后参与重庆万州公交车坠江救援、台风"山竹"救援、江西鄱阳湖洪水救援等大型应急救援行动。此外，她还在全国范围内为300多支民间救援队伍、1500多名民间救援队员免费进行声呐技术培训，开展防灾减灾培训及防溺水宣讲，共计300多次。

冲锋陷阵的"女汉子"

在应急救援队伍中，女性本就不多，像万雯辉这样全职的女性志愿救援队员更是少之又少。

特别值得一提的是，作为队长，万雯辉总是冲锋在前，队员们都笑称她是一个十足的"女汉子"。

2018年8月12日，信宜市遭遇洪灾，新宝镇松木埌茂门村有6名群众被困在一个小木棚里。万雯辉组织13名队员，驱车2个小时赶往现场。救援过程中，一条2米多宽的河沟挡住了撤离的路线。为了让被困者安全渡过河沟，万雯辉和队友用自己的身体，在湍急的洪流中为群众搭起了一座"人肉桥梁"。

2018年9月1日，汕头市潮阳区谷饶镇发生水灾，受灾地区洪水肆虐，水深漫过腰部。万雯辉在水中的行进十分困难，但她斗志昂扬、率先垂范，爬危楼、背群众，共营救村民287人。

2021年7月15日，珠海市兴业快线（南段）项目石景山隧道工程1.16公里位置发生透水事故，导致14名工人被困。

事故发生后，万雯辉接广东省应急管理厅和广东省消防总队机动支队及佛山市政府应急指令，携带声呐装备前往珠海石景山隧道进行声呐探测技术支持,第一时间深入隧道深处开展救援。

7月21日0时35分,万雯辉携带3D声呐装备,在广东消防总队机动支队的协助下,驾驶冲锋舟至隧道施工段尽头,不顾危险穿越已被透水淹没的支撑铁架,成功探测到遇难者遗体,为后续的搜救行动奠定坚实基础。

佛山蓝天救援队训练基地的墙壁上挂了100多面锦旗,其中一面特别显眼——"有心为善,虽善不赏",这不仅是佛山蓝天救援队无偿救援精神的体现,更是万雯辉"用善心改变人心"的真实写照。

成立佛山蓝天救援队至今,万雯辉用无私守护群众的安宁,用善行传递人间的温暖,先后获得2019年第二季度"广东好人"、广东省"最美志愿者"等荣誉称号,并于2020年获得中国海上搜救中心表彰奖励。

开展水上扫测

与死神搏斗的"海事特种兵"

—— 记东营海事局 成振宇

在中国海事的队伍里,有这样一群"特种兵"。

平时,他们活跃在船舶安全检查一线,发现并排除一个个安全隐患;当船舶发生险情时,他们宛如从天而降的"特种兵",用自己出色的专业技术和大无畏的精神,救人于危难之中。

成振宇,就是这群"海事特种兵"中的一员。

成振宇

2017年1月16日,"丰盛油16"轮停靠东营港南港池16号泊位作业时，船上搭载的 70 吨汽油泄漏进入泵舱和机舱。

事故发生时，"丰盛油 16"轮距离危险品罐区仅几百米，而且周边还靠泊着另外 4 艘其他危险品船舶，任何一点微小的火星或静电，都会造成毁灭性的灾害，对人员、船舶和港口安全构成重大威胁。

"我是党员，我先上！"

面对突如其来的重大险情，登船抢险就面临生与死的考验，但成振宇义无反顾地冲锋在前，先后登船数十次，并进入最危险的机舱和泵舱实际观测，为现场搜救工作带来大量一手数据，为最终化解险情作出巨大贡献。

成振宇和同事商议救援

2019 年 1 月 12 日，韩国籍液化气船"五号汽船"在东营港附近海域发生液化气泄漏，威胁整个港口安全，东营市迅速启动了应急预案。

"险情就是命令，时间就是生命！"时值周末，正在陪伴家人的成振宇闻讯，第一时间赶赴事故现场。

正当成振宇赶赴事故现场的途中，由于船方处置不当，"五号汽船"液货舱安全阀后管路损坏，液化石油气直接排放至步桥，泄漏的刺耳声音在100米以外清晰可闻，船舶时刻面临爆炸的危险。

怎么办？必须派出抢险专家登船！

但是，谁去呢？

"我去吧！我是专家组成员，熟悉危险货物性质和船舶结构，适合作为抢险人员登船。"刚进门的成振宇大声说道。他不顾难船随时都可能爆炸的危险，义无反顾地选择登船，确认难船泄漏情况、船舶货物存量等一手资料，为指挥部和专家组决策提供依据。

2019年1月13日，大雾天气，海上能见度仅有几米，成振宇带着抢险物资重返"五号汽船"。十几海里的路途变得极为漫长和艰难，稍不留神交通船就会撞上"五号汽船"。正是在这种极端恶劣危险的条件下，成振宇携带抢险物资，连续3次登上"五号汽船"，为抢险工作提供了坚实的保障。

成振宇参与救援

生的希望 / 生死一线党旗扬

在3天多的抢险中，成振宇仅休息5个小时，不是在指挥部里参加专家组技术讨论，就是在事故船上参与抢险。这期间，他只能在往返途中小憩一会，双倍的降压药加上连日的疲惫让他的眼睛变得通红。同事们看了都心疼不已，纷纷劝他休息，但成振宇却说："险情没有处理完，我就睡不着啊！"

"你可把我急死啦。电话又不敢给你打，你也没个信，我真担心你有个三长两短！"

当结束抢险工作的成振宇回到家后，面对眼里噙满泪水的妻子，他总是抑制不住地感到愧疚，但想到自己肩上担负的责任，下一次险情发生时，冲锋在前的人群中仍然有他的身影。

成振宇

人生没有信仰，就如同没有舵手的船。

成振宇始终牢记着入党的初心，勇挑"海事特种兵"的重担，在

与死神搏斗的"海事特种兵"

历次险情事故中,均战斗在最危险的第一线,在海上抢险救灾中彰显了一名共产党员的英勇无畏,保卫了一方平安。

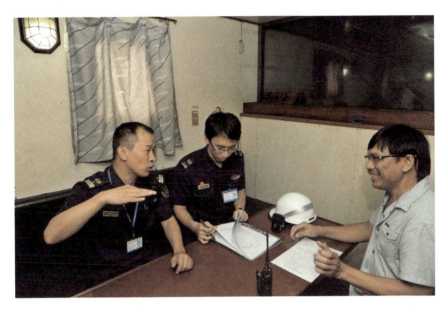

成振宇参与讨论

逆水而上　向险而行

——记驻马店市红十字蛟龙应急搜救队潜水分队队长　刘杨杨

2021年7月，一场来势凶猛的暴雨突袭中原大地，郑州、新乡、开封、周口、焦作等地部分地区出现特大暴雨，水库水位超汛限，人民群众的生命财产安全遭到严重威胁。

"作为共产党员，就是要关键时刻冲得上去，危急关头豁得出来。"2020"感动中原"年度教育人物、驻马店市红十字蛟龙应急搜救队潜水分队队长刘杨杨挺身而出，逆水而上，向险而行，成为战天斗水的"拼命蛟龙"。

"我是一名退役的海军军人，还是一名共产党员，这是我的责任、使命和担当！"

7月20日晚9时，在接到河南省水上搜救中心紧急指令后，刘杨杨担任抗洪梯队的现场指挥，带领15人第一时间奔赴现场，拉开了一场持续9天8夜的生死救援。

21日凌晨，荥阳环翠峪风景区请求救援，70多名群众被困其中，危在旦夕。刘杨杨和战友火速驰援，不仅协助相关部门转移受困群众，还在人员全部安全撤离后，协助转运物资近2吨。

断水！断电！断通信！断药！断氧！断补给！21日下午1时，郑州阜外华中心血管病医院传来这样的紧急讯息。刚刚完成紧急转移群众任务的刘杨杨，就着矿泉水匆匆吞下手里的面包，转战郑州。

急行军7个小时，徒步16公里，刘杨杨带领6名退伍军人，将一救生艇的生活物资运送至医院时，200多名被困两天的医护人员和病人泪流满面，用激动的掌声表达着对勇士的敬意和感谢。

7月23日晚，刘杨杨接到指令，赶赴最危急的新乡市小朱庄村现场，连夜奋战，紧急转运500多名群众，危急救援14人。

7月24日至28日，刘杨杨继续在卫辉、鹤壁执行群众撤离和运输救灾物资任务，脚上、腿上到处都是擦伤，有的已经发炎溃烂……

9天8夜的救援归来，刘杨杨的腿上已是伤痕累累，新伤覆盖旧伤，但他却说这是老天颁发的"荣誉勋章"。

8月2日，刚完成"7·20"特大洪灾救援任务归队不久，刘杨杨又奔向防疫消杀的主战场。

疫情就是命令，防控就是责任。

在疫情防控一线，刘杨杨和队友一起冒着高温酷暑，穿着厚重的防护服、背着几十斤重的弥雾机，对驻马店市的社区、车站、市场、办公楼、医院、敬老院、学校等重点领域和公共区域开展地毯式喷雾消毒，确保不留死角、消毒彻底，为驻马店市疫情防控工作筑起坚实屏障。

盛夏时节，每次完成工作后，脱下防护服的刘杨杨，脸上有着深深的口罩印记，汗水哗哗地往外流淌，黑色T恤上是一片一片汗水干涸后的白色印记……

危难时刻，没有从天而降的英雄，只有挺身而出的凡人。

生的希望 / 生死一线党旗扬

参与防疫消杀工作

刘杨杨曾是海军特种部队英雄救捞中队主力潜水员，曾代表中国海军多次参加国内外大型水域救援任务，具有20多年专业的水域救援经验。他的坚定和执着，打动了整个红十字蛟龙应急搜救队。

在河南卫辉参与救援

2013年至2021年底,刘杨杨参加公益义务救援近9年,开展水域、山地、道路救援350余次,成功挽救17名落水者生命,打捞229具遇难者遗体,并打捞沉船8艘、汽车18辆;他4次参与南水北调水下激流测量工作,16次协助公安机关打捞证物,与公安、消防、海事、应急管理部门一起进校园、进广场、进社区,举办防溺水、防火、防灾等知识讲座520余场。

伟大出自平凡,平凡造就伟大。从防汛最紧要关头的"风雨中的守护者"到疫情防控期间的"最美逆行者",变的是角色和任务,不变的是刘杨杨对党、对人民群众的赤诚。他用实际行动深刻诠释了共产党员全心全意为人民服务的宗旨,彰显了对党忠诚、敢于担当的情怀,谱写了一曲新时期"党员为民奉献"的赞歌。

救人是海事职责所在

——记安庆海事局 周为民

有一个名字,叫共产党员;有一种勇敢,叫义无反顾;有一份荣耀,叫化险为夷。

面对三次挺身而出救人的"善举"之行,周为民总是谦虚地说:"救人于危难,助人于急需,本就是海事人的职责和荣耀,我做的这些都是履行本职,不足挂齿。"

将时间折叠,救人得从那个寒冬说起。

周为民率队开展现场巡航

我庆幸自己及时跳下了水

2008年1月,一个隆冬深夜,在长江安庆段拦江矶水域,一起碰撞事故造成1艘船舶瞬间沉没,船上3名船员全部落水,亟待救援。

接到指令后,时任安庆牛头山海事处太子矶执法大队大队长的周为民,立即组织队员赶到现场展开应急救援,其中2名船员很快被顺利找到,但还有1名不识水性的落水者随着江水迅速下漂。

江面漆黑一片,事故产生大量漂浮物,使海巡艇前行困难重重,落水者的应答声渐远渐弱……生死关头,周为民纵身跃入冰冷刺骨的江水中。

作为老海事人,周为民比任何人都明白当下有多危险,但他紧紧抱着为落水者准备的救生圈,奋力向前划去。

此刻,周为民心中只有一个信念,一定要将落水者救起。这是他身为海事人的责任,更是他身为共产党员最坚定的承诺。

江水冰冷,寒意入骨,落水船员已经精疲力竭,周为民奋力划水靠近后,迅速将救生衣套在了船员身上,拖着他转头向海巡艇游去。

当两人好不容易靠到海巡艇旁,落水船员却因体力殆尽意识丧失,众人几番努力想将船员拉上去,都以失败告终。

情况十分危急,周为民用力托举起船员,然后使劲将其顶出江面。落水船员上去了,周为民自己却被弹出了老远。

这一顶一推,是把生的希望推给了别人,把死的危险留给了自己;这一顶一推,顶起了责任,推掉了畏惧,在进退间诠释了共产党员的誓言，在生死间彰显了人间正道的力量。

"我庆幸自己及时跳下水，如果再迟一点，一个生命可能会就此终结，想想我都觉得后怕。"这是周为民在此次救援之后和同事常分享的话。

获救船员一家三口为太子矶执法大队送来锦旗

路遇危险伸手相助

5年之后又是一个寒冬，这样跳水救人的场景再度重现。

2013年3月2日，对于安徽省池州市贵池区牛头山镇姥山村村民王宽云和周为民来说，都是个终生难忘的日子。

当天下午，王宽云驾驶三轮电瓶车，载着妻子、孙女返家，途中车辆不慎冲入318国道边的池塘中。

千钧一发时刻，徒步经过此处的周为民目睹了事故的发生。他来不及多想，快速跨过公路，连鞋袜都没有脱，直接跳入水中。

寒冬的池水刺骨，池塘更是泥沼淤积。周为民跳进去后，双脚像灌铅般沉重，但他还是克服重重困难，救起祖孙三人。

随后，周为民又安排他们前往附近村民家中避寒取暖。看着祖孙三人渐渐缓过来，周为民没有留下姓名就默默离开了。

事后，王宽云及家人多方打听，终于找到牛头山海事处，给周为民送来礼物表示感谢。他却婉言谢绝："我是一名国家公职人员，又是一名党员，路遇危险伸手相助，是最普通也最应该做的事。"

时光荏苒，岁月更替，周为民的工作地点从牛头山海事处调转到港区海事处，变的是工作岗位，不变的是一颗共产党员的赤子之心。

2020年8月18日，正值汛期，正在参与退水清淤的周为民发现，不远处一名中年妇女正缓步走向江水深处。

"不好，得赶紧救人！"

一个念头闪过脑海，周为民纵身跳入江水，迅速游到女子身边，将其救上岸。

事后，面对同事们的褒扬，周为民却淡淡地说："于我而言，就是弄了一身江水和泥巴，但是却救了一个人的生命，这是我的荣耀啊！"

三次艰难却成功的生命救援，在周为民看来只是人生平凡的一个定格。正是这种以凡人自谦又不息精进的人生态度，让他在关键时刻，展现了一名基层海事共产党员的形象，也让他获得了"交通运输部系统优秀共产党员""全国水上搜救先进个人"等荣誉称号。这些荣誉是周为民身上的勋章，也是一直鞭策他前进的力量源泉。

生的希望 / 生死一线党旗扬

周为民在辖区开展现场检查

有人问他,这么多年,一次次下水救人难道都不怕吗?

周为民的回答掷地有声:"谁叫咱是老党员、老海事,来不及怕!"

奔赴"战场"担责任　坚守初心扬党旗

——记苍南县农业农村局　朱卫峰

"军港的夜啊静悄悄,海浪把战舰轻轻地摇。年轻的水兵头枕着波涛,睡梦中露出甜美的微笑……"

翻开一本航海日志,开头便是一首脍炙人口的军歌。这首歌刻进了一位渔政党员的身体和灵魂,奏响他的整个青春之曲。

收到"时速营救　彰显大爱"锦旗(第一排左一为朱卫峰)

生的希望 / 生死一线党旗扬

这本航海日志的主人叫朱卫峰，中国共产党党员，苍南县农业农村局海洋与渔业执法大队"中国渔政33025"船船长。他说自己虽不是海军军人，但大海是他的故乡，是他挥洒热血的"战场"。

救助是"关键战场"

救助是"全力以赴"的大事。

遇到险情，朱卫峰总是第一时间参与救助，把群众生命安危放在心上，时刻不忘中国共产党人的初心使命，用实际行动让党旗在海上搜救一线高高飘扬。

2021年3月17日，正在海上巡航执勤的朱卫峰，突然接到了苍南县渔业应急处置指挥中心的紧急电话："有渔民在外海作业时手被机器绞伤，造成严重损伤变形，若得不到及时救助，可能会有生命危险。"

险情就是命令，朱卫峰驾船全速奔赴事发地，展开救援作业。

夜间风大浪高，救助船与求助船稍不留神就会发生碰撞，胆大心细的朱卫峰凭借高超的驾驶技巧，抓住大浪过后的间隙快速靠近求助船舶，成功转移受伤渔民，为后续治疗赢得宝贵的时间。

事后，朱卫峰在日志中写道："在海面上忽隐忽现的那盏航行灯，是渔民在黑暗中满含希望的灯，何时都不能灭了自己心中这盏照亮渔民的灯。"

救助是"永在行动"的事。2021年3月的这场救助行动，只是朱卫峰丰富搜救经历中的沧海一粟。

"船行海上碰到求助，我们渔政人绝对义不容辞，身为共产党员更应冲锋在前,化身海上安全守护者,坚决守好海上安全线!"参加工作以来,朱卫峰一直奔赴在救援的航船上,联合海事艇、海警艇以及民间救援组织等参加海上救援19起,救助受伤及落水人员10人。

执法是"主战场"

"在离北关岛东北方向约13.6海里处,有可疑目标渔船在活动。"

"收到。左满舵,全速前进。"

2021年5月11日,正值禁渔期,执行海上巡查任务的朱卫峰接到消息后,立即调转船头,奔赴举报海域。

赶到事发海域附近后,正在偷捕作业的大型渔船发现执法船靠近,立即割断渔网,全速逃跑。

禁渔期违禁捕捞渔船

"前面的渔船，我是'中国渔政33025'船，请你停船配合检查。"朱卫峰一边驾船全速追赶，一边通过喊话劝说。

很快，逃跑无望的涉事渔船停下，渔政执法人员顺利登船检查。

经查证，确定该船为套牌"三无"船舶，朱卫峰和同事们一起将偷捕渔民移送公安机关追究刑事责任。

经公安机关侦查发现，该案是一起从海上一直延伸到餐桌的团伙犯罪，三年来该团伙非法捕捞龙头鱼、子梅鱼等水产品多达100吨，交易金额达1000多万元。

家庭是"常败战场"

在工作中，朱卫峰是同事心目中值得信赖的船长。

在生活上，朱卫峰却是不断亏欠家人的"老赖"。

"爸爸，什么时候能回家陪我玩呢？"

"孩子爸，这周末的家长会你能参加吗？"

"儿子，清明节快到了，能回来祭拜你母亲吗？"

每次面对家人的殷切期盼，朱卫峰都因为工作一拖再拖，成为家人们心中的"老赖"。

未能陪伴母亲走完最后一程的自责、悔恨，因工作丢下家人、孩子的遗憾……时常折磨着朱卫峰的内心。

不过，时常在家庭生活中吃"败仗"的朱卫峰，却在一线执法这个"主战场"上宛如永不后退的将领，带着"中国渔政33025"船的全体成员枕戈待旦，坚守岗位，时刻守护海上防线。

"33025在备车解缆，汽笛敲开宽阔的水面。舷灯指向柔软的港湾，大鱼游向温暖的洋流……"值班间隙，每当夜深人静，伴随着那一起一伏的波涛涌浪，呼应着一暗一亮的点点星辰，朱卫峰都会翻开那本航海日志，抒发自己内心的那份温暖、执着与勇气。

常年漂泊海上的他，正值壮年却两鬓斑白，海风也在他脸上刻下深深的岁月痕迹。他何尝不想多点时间陪陪家人，可既然选择了汹涌澎湃的大海，便不去想未来的道路是平坦还是泥泞，哪怕留给亲人的是个远航的背影。

因为，他叫朱卫峰，是一名中国共产党党员！

环境战线"老黄牛" 应急岗位"急先锋"

——记青岛市生态环境局 贾世仁

在领导心中，他是环境战线的"老黄牛"，无论交代什么任务，他总能保质保量地完成。

在同事眼里，他是应急岗位的"急先锋"，无论多苦多累，他总是冲锋在前，彰显一名模范党员干部的责任与担当。

他便是贾世仁，青岛市生态环境局环境安全应急和舆情处处长。

贾世仁参加部省市生态环境专家组会商会议

退伍不褪色，贾世仁在平凡岗位上作出不平凡的业绩。

2002年，刚从部队转业到地方的贾世仁，来到青岛市生态环境局（原环境保护局），开启了全新的人生历程。

在青岛市生态环境局，他退伍不褪色、退役不褪志，十几年如一日，始终坚持弘扬军队优良传统作风，先后在科技、辐射、信访、应急等多个工作岗位接受磨炼。在此期间，他因工作业绩突出，多次被评为先进个人、优秀共产党员。

"革命军人一块砖，哪里需要哪里搬。"这是他的口头禅。他是这样说的，也是这样做的。

2019年，在机构改革过程中，青岛市生态环境局设立了环境安全应急和舆情处，贾世仁勇挑重担，凭借丰富的履职经验，成为环境安全应急和舆情处的"领头羊"。

全新的岗位，全新的挑战，工作怎么开展，局面怎么打开？

"勤"字为先。

刚上任不到半年时间，贾世仁跑遍了青岛42家环境应急物资储备公司，调查摸底重点企业应急物资973项，并申请80万元专项资金，推动建成山东省首个海上环境应急物资储备库——山东省青岛董家口环境应急物资储备库，为青岛、日照、威海、烟台等沿海港口突发环境事件应急处置提供充足物资保障。

2021年，他又带领团队，依托青岛市生态环境大数据综合云平台，在全省率先开发搭建应急管理系统平台，实现了环境事件预防现代化、综合预警智能化、应急管理系统化的全面升级。

民之所忧，我之所思；民之所思，我之所行。贾世仁是环境战线上勤勤恳恳的"老黄牛"。

生的希望 / 生死一线党旗扬

贾世仁扎根信访工作一线，认真细致开展群众工作。工作期间，他共办理各类信访投诉案件 3000 余件，解决上级信访部门移交的"四个重点"信访案件 25 件，其中包括张金乐辐射问题、鲁信长春小区噪声扰民等群众反映强烈问题，化解率达 100%。

在中央生态环保督察及"回头看"、山东省生态环保督察期间，贾世仁均担任案件督办组副组长。在与各区市、督察组的沟通协调工作中，他采用点对点提醒、公开通报、工作约谈等形式推动问题解决，共分办、督办、反馈各类案件 2795 件，保质保量完成督察组交办的各项工作任务。

在调解莱西市 6 名村民因水环境污染上访案件中，他多次深入现场，不厌其烦进行调解，在督促排污企业完成整改的同时，与当地政府协调沟通，给受损村民争取适当补偿，使问题得到妥善解决。

在全国两会、海军节等重大活动期间，贾世仁能够按照部署做好重点人员的稳控工作，并安排专人参加市维稳办组织的稳控专班，实现了"三个零"和"五个不发生"工作目标。

"特别能吃苦、特别能战斗、特别能奉献！"每遇急难险重的任务，他总是冲锋在前，是应急岗位上名副其实的"急先锋"。

2021 年 4 月 27 日，青岛朝连岛海域发生巴拿马籍杂货船 SEAJUSTICE（"义海"轮）与利比里亚籍锚泊油船 A SYMPHONY（"交响乐"轮）碰撞事故。事故导致"义海"轮艏部受损，"交响乐"轮左舷第 2 货舱破损，约 9400 吨船载货油泄漏入海，构成特别重大船舶污染事故。

船舶碰撞溢油事故发生后，青岛市立即启动海上溢油事件应急响应，有序开展应急处置、环境监测、危废处置、环境损害赔偿等工作。

这不仅是青岛市生态环境局第一次参与海上溢油处置事件，更是贾世仁的"第一次"，但他直面挑战，不分昼夜奋战在应急处置一线。

贾世仁赴事发海域现场察看溢油处置情况

累了，他就靠在椅子上小憩一会儿；饿了，端上冰凉的盒饭匆匆扒上几口；血压高，掏出几粒降压药，就着矿泉水一口吞下……

家里传来噩耗，久病卧床的父亲仙逝，他强忍悲痛，回家处理完父亲的后事，又急匆匆地赶回事故处置一线。

"4·27"黄海"交响乐"轮溢油事故处置期间，贾世仁带领处室两名工作人员连续奋战54天，协调出动监测人员911人次、环境执法人员1414人次，圆满完成组织协调、数据统计、会议筹备、上情下达等工作，做到处置期间毫无差错，用实际行动彰显了环保人的责任与担当，诠释了环保铁军精神。

"没能陪父亲走最后一程是我一生的遗憾，但我也确实放心不下海上溢油处置工作，也应该回到工作岗位上。"

贾世仁组织召开"4·27"黄海"交响乐"轮溢油事故应急处置工作专班会议

贾世仁(右二)陪同专家组开展海上走航监视监测工作

男儿有泪不轻弹,"4·27"黄海"交响乐"轮溢油事故处置工作结束后,面对记者采访时,贾世仁泪流满面地说:"我对得起这份工作,对得起党和人民的信任与托付,但唯独对不起我的老父亲!"

"平安海区"的"蓝精灵"

——记宁波海事局 周宜航

2021年9月22日,宁波海事局收到了BRIESE集团的一封感谢信,感谢该局对其所属的"SJARD"轮一名重病船员的紧急救助。这只是周宜航承担宁波海事局(宁波市海上搜救中心办公室)日常应急管理工作以来的一项日常工作,但对于获救船员来说却是一次生的希望。

作为海上应急管理工作的一员,"人民至上、生命至上"是他始终坚持的理念和宗旨,把奋斗精神融于岗位、融于日常,全心全意致力于海上人命救助、应急防台管理和商渔安全治理等工作,扎扎实实服务"平安浙江"和宁波—舟山港世界一流强港建设更是他的初心与担当。

心系蓝海保安全

作为一名出身农村、做过海员的共产党员,周宜航更能体会到船员的辛酸和海上救助的不易。

从2017年负责应急管理工作以来,周宜航常年保持手机24小时开机,遇到海上突发事件,不分白天黑夜,不分工作休息,总能在接到指令后半小时内赶到值班室处置险情。遇到较大等级以上险情,他往往要在单位连续奋战,甚至几天几夜都不能休息。

2019年防抗台风"利奇马"期间,他连续5天奋战在值班台,成功处置险情15起,救助船舶19艘、人员107人,并提炼形成"防、救、合"三位一体的防抗台风做法,得到宁波市领导的高度肯定。

在领导眼中,他是不怕吃苦的"老黄牛";在同事眼中,他是任劳任怨的"拼命三郎";在船员眼中,他是船舶安全的"护航人"。

为了在信息通报、资源共享、应急联动等方面取得更好成效,他立足岗位职责,与应急、渔业、救助、交通、口岸、外事、部队等成员单位保持密切沟通,推动应急救助和安全管理工作有效结合。

立足岗位谋发展

海上险情救助具有事发距离远、沟通联系难、力量协调多、救助窗口小等特点,周宜航以优化搜救体系、规范处置程序、提升处置能力为目标,持续推动宁波市海上应急救助效能不断提升。

2020年底,宁波市人民政府同意建立县级海上搜救中心,周宜航从机制建立、预案编制、人员配备、经费保障和值班室建设等方面给予指导,促进象山、宁海两地县级海上搜救中心实体化建立和运行。

针对航空和内河水域救援能力薄弱现状,周宜航会同宁波市应急管理局、象山县人民政府在宁波沿海开展实地调研考察,确定象山松兰山和东门岛2个海上救助直升机降落补给场地,解决了海上救助直

组织辖区拖轮、引航等力量开展培训

升机在宁波难以降落的问题；协调地方政府为杭甬运河配置集救助、消防、防污能力于一体的拖轮，填补了内河水域搜救力量的空白。

为了在最短时间内快速协调各方救援力量，及时精准实施救援行动，他深入评估分析各种险情事故特点，明确了不同等级事故人员到岗、信息流转和部门间协作要求。并从制度、清单、设备、记录和善后五个方面推进标准化建设，将险情救助、次生事故防范、沉船打捞、舆情应对等统筹纳入险情应对程序，确保重要事项值班员按照工作清单，执行一项、记录一项、打钩一项，有效避免了紧急情况下的执行差错。

记者了解到，在健全应急救助体系的同时，周宜航还全力投入志愿者队伍发展，坚持公开、公平、公正原则，积极为参与海上搜救的社会力量申请搜救奖励。2017—2021年，共计为144艘次船舶申请发放 109.1 万元搜救奖励。

2021 年,在他的帮助下,宁波舟山港集团成立了系统化的港作拖轮应急救援队伍,进一步夯实了宁波—舟山港核心港区的安全基础。他还定期联合东海救助局共同组织搜救技能培训,组织各基层海事部门、航运公司、码头单位和志愿者队伍等积极开展搜救演习,全面规范提升志愿者队伍的搜救能力。

组织市、县两级无脚本应急演练

紧盯难题强治理

宁波沿海每天约有 7000 艘次渔船和 5000 艘次商船航行作业,北上南下的商船和自由航行的渔船交叉而行,商渔船碰撞事故时有发生,成为涉海涉渔安全的重大风险点。周宜航深入研究商渔船碰撞事故调查报告,发现除了船舶数量多、沿海航路和渔区交叉等客观原因外,商渔船双方沟通不畅和作业习惯不同等主观因素是碰撞事故发生的主要原因。

"诚知其本,则去火而已矣"。2019年8月,他开始致力于建立宁波沿海商渔安全协作对话平台,倡议马士基、中远海运、地中海航运等8家全球大型航运公司组建商船安全自律联盟,以解决实际问题为导向,组织商渔船船长开展"互登轮"和"面对面"交流活动。该活动一经开展,受到航运、渔业等行业高度赞誉及各类媒体关注。如今,商渔船船长"面对面"活动已经在全国范围推广,商船安全自律联盟已经扩大到16家国内外大型航运企业,联盟成员在践行良好做法、传递安全信息和使用沿海航路等方面发挥着重要作用。

组织商渔船船长开展"互登轮"和"面对面"交流活动

为了常态化协调解决涉海涉渔领域重点难点问题,周宜航又以专报形式向浙江省、宁波市两级人民政府报送"一平台三传递五强化"

商渔安全治理经验,获省领导批示肯定。同时,他推动宁波市防范商渔船碰撞联席会议制度出台,海事、农业农村、应急管理等部门及相关县(市)区共同参与,常态化商讨、解决商渔安全领域的重点事项,商渔船直接沟通、渔船号灯号型和网位仪治理等工作在宁波得到实质性推进。

值得一提的是,周宜航结合先后组织的近20次商渔船船长"面对面"活动,以《国际海上避碰规则》为基础,总结提炼商渔船双方在沟通协调、紧急避让、号灯号型、自救互救和渔船作业方式五个方面达成的一致意见,形成了40余条宁波防范商渔船碰撞良好做法,拍摄了《宁波市防范商渔船碰撞警示教育片》,已有效覆盖2000余艘商船和宁波3000余艘渔船,"属地牵头、综合治理、行业自律"的商渔安全管理新格局逐步形成。

十年救起 2544 人

—— 记汕头海事局指挥中心副主任　陈晓彬

陈晓彬,现任汕头海事局指挥中心副主任,曾参加过"东沙大营救"等重大海上救援行动,具有丰富的航海及海上救助实践经验。

自 2012 年加入海事队伍以来,陈晓彬共参与组织指挥海上搜救行动 327 次,安全救助遇险船舶 228 艘,成功救起遇险人员 2544 人,用实际行动践行了共产党员的初心使命,切实守护了人民群众的生命财产安全。

汕头海事局指挥中心副主任陈晓彬

他先后获得2006年交通部授予的"'德进'轮参与台风'珍珠'国际大救援先进个人"称号及2019年"交通运输部系统优秀共产党员"荣誉称号。

冲在前　跑赢救死扶伤"赛道"

关键时刻显党性，陈晓彬十年如一日奋战在救助抢险的岗位上，充分发挥党员的先锋模范作用，时刻靠前指挥，用自己丰富的救援经验，为辖区海上安全提供坚强的应急保障。

2018年2月27日，装载70500吨煤炭的巴拿马籍散货船"FLOURISHEVER"（"恒辉"轮）在顶澎岛东北方约5海里处搁浅，船体随时可能发生断裂，24名中外籍船员危在旦夕。

陈晓彬闻讯出征，带队赶赴事故现场，率先登轮指导船员做好安全撤离准备，并开展溢油污染防治等工作，成功在寒潮大风来临之前，迅速救起24名被困船员。

2019年10月，福建平潭籍砂石船"东泓"轮在浅滩沉没，11名船员失联，200多名焦急等待消息的船员家属到海事局反映诉求。

面对此种情况，组织将搜救与维稳的艰巨任务交给了陈晓彬。

在处置现场，陈晓彬一方面沉着指挥搜救力量从水面、空中、水下开展三维立体搜寻工作；另一方面，他耐心与船员家属开展面对面谈话，做好安抚工作，妥善处理了这起突发的群体性事件。

2021年8月4日，正值台风"卢碧"登陆前夕，一艘惠来籍无名铁质渔船在南澳岛东南方向37海里处失去动力，船上7名渔民紧急求救。

此时，台风距遇险船只仅 40 海里，无动力船在惊涛骇浪中随时可能翻沉，渔民命悬一线。

险情就是命令，时间就是生命！

接报后，陈晓彬迅速开展指挥部署，一方面组织协调过往商船和专业救助船舶前往救助，全力以赴展开与台风赛跑的生死营救；另一方面，他指导渔民们穿好救生衣，稳定渔民情绪，直到搜救人员抵达现场。

仅用 3 个小时，7 名渔民即成功获救，行家们都说："经验丰富的陈处长功不可没！"

强监管　筑牢防台防汛"堤坝"

汕头地处南海东北部沿海，是国际国内船舶习惯航线的转向点和交汇区，也是西太平洋及南海台风的习惯路径之一，防台防汛形势严峻复杂。

在分管搜救防台风工作后，陈晓彬一直坚持"宁可防而不来，不可来而无备"的防台指导思想，将人民群众生命财产安全作为首要目标，以大概率思维应对小概率事件，认真做好防台风各项准备工作。

工作期间，他潜心研究汕头近十年台风的影响规律，结合常驻辖区船舶种类，修订了《防台风应急预案》《汕头港船舶防台指南》等文件，落实防台规范化管理；牵头组织汕头、揭阳、潮州三地海事局建立粤东水域防台联动机制，整合编制了粤东区域海事部门防台锚地图册，形成粤东片区联动防台合力。

每年台风季节前，他都会带领指挥中心党员突击队，现场走访重点航运企业、施工单位，督促指导企业落实防台应急预案，提前开展防台安全隐患排查治理，以实际行动构筑防台安全防线。

5年来，陈晓彬协调各方力量，成功防御了"海马""山竹""天兔"等台风袭击，实现了"零船舶沉没、零油污泄漏、零人员伤亡"目标。

送服务　播撒安全知识"种子"

授人以鱼，不如授人以渔。

为提升人民群众的安全避险和自救能力，引领社会各界更加关心和支持海上搜救工作，营造浓厚的安全文化氛围，陈晓彬连续5年开展送安全知识进校园、进渔村、进企业、进工地、进渡口活动（简称为"五进"），带头普及海上安全应急知识，积极弘扬"惠海泽航、人本至善"的海上搜救文化。

听民声，知民意。

近些年，他慎终如始践行群众路线，多次带队走访调研辖区码头、锚地、船舶公司，在宣贯水上交通安全知识的同时，深入了解掌握群众的急难愁盼问题，用实际行动诠释了全心全意为人民服务的宗旨。

2017—2021年，他累计参与"五进"活动共111场次，开展安全教育3万多人次，为参与搜救的社会力量申请奖励资金15宗、共计50多万元，多次得到企业机构和相对人的高度肯定。

永葆初心，砥砺前行。

面对鲜花和掌声,陈晓彬经常说:"在其位,谋其职。作为海事人员,我有责任维护水上交通安全,作为党员,我有义务为人民服务。只要有一线生机,我就全力以赴协助搜救,只要在岗一天,我就干好本职工作。"

初心不忘勇担当
让党旗在搜救一线高高飘扬

——记盘锦市海上搜救中心 刘五华

险情就是命令，搜救就是使命。

每每在海上险情发生的关键时刻，总有这样一抹抹海事蓝，他们时刻坚守搜救岗位，一声令下，便逆险而行，用实际行动，诠释了共产党人的责任和担当。

刘五华便是其中一员。现年34岁的他是盘锦市海上搜救中心一名普通的海上搜救人员。

刘五华在工作

自盘锦市海上搜救中心成立以来，刘五华始终奋战在海上搜救工作一线，参与海上险情救助 20 余起，成功救助遇险人员 80 余人，时刻以"三牛"精神践行着"惠海泽航、人本至善"的海上搜救文化内涵，闪耀着"艰苦奋斗、勇于创新、不畏艰险、默默奉献"的交通精神之光。

他是海上搜救体系建设的"拓荒牛"

盘锦市海上搜救中心揭牌成立以来，刘五华积极配合中心领导，借鉴兄弟单位的工作经验，结合盘锦辖区实际情况，不断夯实搜救工作基础，完善搜救协作联动机制，探索与创新搜救手段。同时主动参加搜救相关业务研讨学习，协助中心领导推进建设海上搜救志愿者队伍，形成专家咨询机制。

如今，盘锦市海上搜救中心已建成一支由涉海专业应急人员、渔业从业人员和热心群众组成的海上搜救志愿者队伍，并协助中心开展了系列培训和实战演练，有效提升了盘锦地区的海上应急处置能力，切实履行了海上人命、财产和环境救助职责，助力盘锦市海上搜救事业完成了从无到有、从有到专的蜕变。

他是海上险情救助一线的"老黄牛"

每次发生海上险情时，刘五华始终冲到最需要他的地方，给遇险的人民群众以希望，用自己的坚守与勇敢，保护人民群众的生命与财产安全。

生的希望 / 生死一线党旗扬

"一艘30米长钢制渔船在辽东湾海域主机故障,被冰夹住,无法航行,船上有4名船员,请求救助。"

2019年2月的一个凌晨,盘锦市海上搜救中心值班室接到报警。此时,辖区所在的渤海北部水域正值盛冰期,当日最低气温低至-20℃,如不及时开展救助,将严重威胁船上人员的生命安全。

险情就是命令,时间就是生命!

刘五华立即投入搜救工作,克服大风、海冰、极端低温等恶劣条件,在历经6个小时的搜寻及破冰之后,成功救起4名被困船员。

2020年4月22日,"百美8"轮在盘锦港荣兴港区主航道发生搁浅险情。此时正值国内疫情防控期和复工复产保障期,遇险船舶对船上船员的生命安全及港口生产都带来了严重威胁。

在接到险情报告后,刘五华等6名海事搜救人员不惧疫情风险,一边协调社会救助力量前往事发水域,一边赶赴现场,协调港口拖轮第一时间帮助遇困船舶脱浅。

"在历经困难抵达现场,第一眼看到被困船舶的时候,我深刻地感受到了海上搜救工作的意义与魅力所在。"在完成海上搜寻救助任务之后,刘五华坚定地说。

他是水上安全知识宣传的"孺子牛"

防微杜渐,忧在未萌。

日常工作中,刘五华积极参与水上应急知识普及教育活动,与教育部门合作开展水上交通安全知识进校园活动,推动学校聘请海事水上安全宣讲人员作为校外辅导员，使安全知识融入学校日常教学。

近年来，刘五华共组织、参与水上应急知识普及教育活动20余次，培训社会力量1500余人次，基本覆盖了盘锦地区的港口码头、航运企业、主要渔村及渔场，极大提高了公众安全防范意识。

惟其艰难，才更显勇毅；惟其笃行，才弥足珍贵！

一直以来，刘五华给人一种敢拼敢闯、默默奉献的形象，面对大家的夸赞，他谦虚地说："险情就是命令，在党和人民需要自己的时候，必须时刻准备着，贡献自己的力量，这样才不负入党的初心。"

堡垒凝聚力量，党旗指引方向。

正是因为有了像刘五华这样书写着坚守和担当的"护旗手"，才让我们在海上险情中看到温暖，看到力量，看到希望。

刘五华在工作

惊涛骇浪扬红帆　海事巾帼绽芳华

——记大亚湾海事局指挥中心副主任　王陈绩

在深圳最东部海域，有一支与死神赛跑的队伍。

风高浪急、船舶走锚，他们逆风而行，在巨浪中向船舶抛出绳索，系住73人生的希望；夜深人静、火光冲天，他们彻夜指挥救火，12个小时不眠不休，保障了渔船和渔排全体人员安全；一叶小舟、危在旦夕，他们火速赶赴现场，在茫茫大海中拯救了兄妹俩的生命……

王陈绩

他们，就是大亚湾海事局的海上应急救援队伍。

在这支队伍中，有一个不一样的身影，她是单位出了名的"拼命女郎",是海上应急救援队伍的主管,也是这支队伍中唯一的女性。她就是大亚湾海事局指挥中心副主任王陈绩。

王陈绩,2006年入党,2008年于上海海事大学航海技术专业毕业后,成为深圳海事局的一员;2013年从机关调整岗位到大亚湾海事局,负责应急管理方面工作。

在这个岗位上,她一干就是9年。

没有什么比拯救生命更有意义

一个周日的上午,值班电话响起,有一对兄妹划舢板出海游玩,突遇大风无法返航。

此时,深圳气象台已发布大风蓝色预警,天边也多出了几片乌云。

时间就是生命,启动预案、确认位置、派出船艇、信息通报,在最短时间内完成所有应急处置流程后,王陈绩抬头望着远处翻滚的乌云,内心无比焦急。

这时,电话再次响起:"快救救我们,我妹妹不会游泳,浪太大了,我划不过去!"

"穿好救生衣,坚持住,海巡船马上就到!"王陈绩紧紧攥着电话,不停地安抚着遇险兄妹的情绪,仿佛电波就是一条系住对方的生命线。

随后,当海巡船赶到指定位置时,没有发现遇险人员,王陈绩的神经再次紧绷起来。

茫茫大海之中,一个人如同黑点大小,大海捞针,谈何容易!

她凭借多年应急管理的经验,结合当时天气、水流情况,推断出舢板可能移动的路径，指挥海巡船继续寻找。

终于，在大鹏湾 4 号锚地北侧，海巡船发现了兄妹俩的身影。

此时，妹妹已经因为体力不支落入水中，呈半昏迷状态。

两人随海巡船平安返回陆地后，哥哥打电话来道谢。他说如果再晚几分钟，妹妹就可能再也回不来了，希望能当面感谢这位"救命恩人"。

王陈绩婉言谢绝了，只是说了句"这是我应该做的"。

"没有什么比拯救生命更有意义。"这是王陈绩一直以来的工作信条。她说："我很渺小，但这份工作很伟大，通过我的努力，可以使救援速度再快一点点，使救援方案再专业一点点，那让我多长几根白头发也心甘情愿！"

率先建立深圳市首个区级海上搜救中心

深圳东部是深圳重要的滨海旅游休闲区和海上能源重点地区，142 公里海岸线上，分布着 6 座大型油气码头、1 座散货码头、1 座核电站码头、1 座高速客船码头；沿岸有大小不等的 56 个黄金沙滩，3 家游艇会（约 300 艘游艇），16 处海上休闲船作业点（约 720 艘休闲旅游船舶）；这里还建有全国最大的液化天然气（LNG）枢纽港，各种船舶过往频繁，海上交通安全形势复杂。

生命重于泰山，安全高于一切。

面对复杂多变的辖区水上安全形势，保护人民生命财产安全是王陈绩心中的首要目标，也是她多年应急管理工作的"初心"。

为此，王陈绩带领团队发挥专业优势，推动大鹏新区于 2018 年

7月成立深圳市首个区级海上搜救中心，编制印发深圳市首部区级海上突发事件应急预案，建立起一支专业、高效的海上应急救援队伍。

截至2021年底，大鹏新区海上搜救中心有效开展海上应急救援146次，协调派出各类搜救船艇328艘次、搜救人员1285人次，成功救援海上遇险船舶43艘，救援遇险人员174人，救助成功率达99.3%。区级海上应急救援指挥体系建设成效显著，深圳东部海上应急救援水平得到实质性提升。

海上铿锵玫瑰的执着坚守

如果说应急救援是保障安全的最后一道防线，那么建立预警预控机制、做好风险隐患排查、落实安全管理责任才是预防海上事故发生的关键所在。

王陈绩知道，"让航行更安全，使海洋更清洁"绝不是一句简单的口号。

2021年4月，一名潜水人员失踪，王陈绩作为现场指挥，整整在海上搜寻了三天三夜，原本就有皮肤过敏症状的她，脸上红肿一片。

同事劝她回去休息，她打趣道："我这是面色红润有光泽。"

轻伤不下火线的她，依然目不转睛盯着海面，终于在第三天找到了失踪人员。

2022年2月，境内外疫情反弹形势严峻，海上防输入工作面临重大挑战。单位人手紧张，王陈绩主动申请提高值班频度，一直坚守在海上疫情防控和安全监管最前沿。她组织青年成立海上先锋突击队，

生的希望 / 生死一线党旗扬

风雨无阻开展海上24小时巡航驻守，一丝不苟做好海上防输入工作。作为先锋突击队队长，她充分发挥勇于担当、冲锋在前的先锋精神，克服寒潮大风、浪涌船摇、暴雨倾盆等恶劣天气，增加重点水域巡航频度，彻夜驻守在敏感水域，提高见艇率、见警率。

王陈绩及同事在海上巡航

为了保障疫情期间深圳及粤港澳大湾区天然气稳定供应，王陈绩组织团员青年自主研发综合执法智能分析和效能管理系统，利用大数据实现辖区船舶信息获取自动化、智能化，提前获取LNG船舶动态，从而为LNG船舶提供全流程海事服务。开辟"绿色通道"实施全天候"秒批秒办"，提供"定制式"安检确保船舶航行作业安全，实施"船—岸—海事三方线上实时监管"模式，利用闭路电视监控系统（CCTV）、船舶自动识别系统（AIS）、船舶交通服务系统（VTS）、无人机等现代化巡查手段开展海陆空立体巡查护航等方式，做好海上重要能源保供，为抗疫添"底气"。

就这样，一方面，她坚守海事一线执法不缺位，严防境外输入，坚决维护人民生命安全；另一方面，她全力支持身为医生的爱人驰援湖北，自己承担起照顾两位老人和两个年幼孩子的重任。

单位领导知道王陈绩家里的情况，让她注意休息，她笑着说："小家大家我都要照顾好，放心吧！"

2022年7月，深圳大鹏湾LNG枢纽港接卸量累计突破1亿吨大关，成为国内首个超亿吨LNG港口，持续保障粤港澳大湾区能源供给稳定，16年从未出现停气和断供事件。

看似寻常最奇崛，成如容易却艰辛。在她和同事们的努力下，深圳东部水上交通安全事故率多年保持在万分之零点四以下，全国最大LNG枢纽港海上安全运输16年零事故。

14年来，王陈绩用自己的青春和担当，践行着最初的信念，默默守护着深圳最东部海岸线的船舶平安和水域清洁，多次获评深圳海事局优秀共产党员、优秀党务工作者、先行示范区青春使者等。2018年，她还被评选为深圳市五一巾帼标兵。

王陈绩在工作

碧波犹记当年勇　使命必达护安全

——记河北海事局危管防污处　班宗生

2003年6月16日，秦皇岛海上凉风习习，碧波荡漾。客轮"秦皇号"如往常一样，缓缓驶离东山港游客码头，搭载着47名游客悠闲地游览海上风光。

班宗生

让人始料未及的是，3个小时后海上突生变故，10级大风猛然卷着巨浪袭来。"秦皇号"船长见状立刻转向返航，开足马力全速驶向岸边。

碧波犹记当年勇 使命必达护安全

然而，在距离岸边仅剩500米时，"秦皇号"彻底失去动力，船体倾斜40度，三分之一船舱进水，在海浪中上下颠簸，面临随时倾覆的危险，船上47名乘客和9名船员命悬一线。

河北省海上搜救中心接到"秦皇号"报警后，迅速组织应急救援。但大型船只无法靠近，小型救援船又无法抵御风浪，救援人员抛绳救援也屡试屡败，怎么办？

时间就是生命！眼看着时间一分一秒地流逝，河北海事局35岁小伙班宗生主动向应急指挥部请战："我带着绳子，游过去。"

此时已经入夜，海面浪高3米，水温只有6℃，如果没有较好的游泳技术、较强的身体素质和无畏的勇气，是不可能完成这项任务的。

"班宗生，你有信心吗？"

"有！"

在码头的栈桥上，班宗生脱下新买的皮鞋，简单活动身体，将救援绳系在身上，纵身跃入漆黑的海里。冰冷刺骨的感觉瞬间席卷他的全身，3米多高的海浪将他高高抛起，又狠狠砸入水中……

班宗生咬紧牙关，凭着超凡的毅力和高超的泳技，在惊涛骇浪中奋力向前游，100米、200米、300米、400米……

终于，班宗生靠近了"秦皇号"客船。此时，海面风浪更大了。他死死抓住船舷外的防撞轮胎，奋力跃上甲板，在船上乘客的一片惊呼中，将救援绳牢牢地与船体打结固定住。

"快救救我们，船就要翻了！""你一个人怎么救得了我们？"

班宗生此刻光脚站在甲板上，浑身湿透，冷得忍不住发抖。面对船上惊恐、焦急、怀疑的乘客们，他极力压制住发抖的嘴唇，大声喊

生的希望 / 生死一线党旗扬

道:"大家别慌,我是海事局的。这么大的风浪,我们能想办法上来,就一定有办法让你们安全地离开!"

听了班宗生的喊话,大家慢慢安静下来,整船人都在用期盼的眼神望向他。

"现在请你们保持好秩序,不要在两舷随便集中移动,维持好船舶稳定……"

班宗生立即组织维持船上秩序:"谁是船员?请立刻协助我维持游客秩序,核对人数,时刻监测船舶状态。"

"我是!我是!"几个船员连忙举手。他们之前也吓坏了,头一次遭遇如此大的风浪,都慌了神,正不知所措的时候来了班宗生这个"主心骨",顿时冷静了许多,立刻按照职责各就各位。

班宗生从衣兜里掏出事先用塑料袋裹好的手机,本想通过手机与岸上联系,却发现塑料袋中已灌满了海水。

"有高频吗?拿一部高频来。"班宗生问船员。

"有!有!"船员赶紧拿来一部高频。

班宗生立即用高频向指挥部详细汇报了现场情况,与指挥部商定了救援方案。

他和船员们一起将一个气胀式救生筏抛投入海,拉动释放绳,救生筏"啪"地打开,快速充气。

不一会儿,充满了气的救生筏便漂浮在水面上。将救生筏两端系上绳索后,班宗生站在船舷边,高声对大家喊道:"各位游客,现在我们分批登乘救生筏,老人和带孩子的游客请先上救生筏。"

在紧张而有序的组织下,第一批游客登上救生筏,班宗生指派两名船员随船护送。船员们用手拉着绳索，救生筏一点点靠近码头，在海浪中颠簸前行。

第一批游客被送上了岸边，成功了！

第二批游客登上救生筏，向码头靠近……

班宗生带上"秦皇号"的这根绳子，在滔天巨浪中变成了应急救援的生命线。

救生筏在"秦皇号"和码头间往返穿梭十余次，历时两个多小时将所有游客和船员救上岸。

遇险船员和游客全部安全上岸后，只剩班宗生一人还在"秦皇号"客船上。

最后一趟救生筏离开前，筏上的船员问他："小伙子，你怎么还不下来？等啥呢？"

他顿了顿，微微一笑说："你们先走，我的使命还没有完成。"

为了避免风和海流将"秦皇号"客船带走，对航道安全造成重大威胁，班宗生留在了船上，通过高频时刻提醒过往船舶注意避让，化解了一次又一次风险隐患。

为了御寒，他找来了破棉衣裹在冰冷的身上，又为冻僵的脚找到了一双旧拖鞋，就这样坚持到天明。配合拖轮将船脱离扶正靠回码头后，他那整晚紧绷的神经终于放松下来。

看着清晨的阳光温暖地洒在海面上，他不禁想起几年前在好望角那段难忘的航行经历。

那时船舶主机失灵，失去动力，船舶在大风浪中横摇30多度，他带领全体船员抢修主机整整两天。

生的希望 / 生死一线党旗扬

主机修复了,整船的人和货物都安全了!钻出机舱的一刹那,看到大海和蓝天交汇成一道美丽的天际,感叹道:"好望角,如此美丽!生命,如此可贵!"

把生的希望留给别人,把死的危险留给自己。

班宗生在职业生涯中经历了数次危难的洗礼,与大自然搏斗,与时间赛跑,与死神抢命。他觉得自己很幸运,因为他每次都胜利了。作为英勇善战的海事搜救人,重任在肩、使命必达,因此,他终将胜利。

海天之间书写救助传奇

——记北海救助局搜救机长　张洪彬

渤海湾地处强冷空气入海口,是我国遭受强冷空气侵袭最频繁、最严重的海区。

一句"宁上南山打虎,不下北海捉鱼"的谚语,道出此处海域的复杂、险峻。但就在这片海域,9年来,北海第一救助飞行队搜救机长张洪彬承担着人命救助的神圣使命,成为北海海域船员生命的守护者。

张洪彬

"救人,是一种本能。作为救助飞行队的一员,我引以为豪。"

生的希望 / 生死一线党旗扬

从事飞行救助工作以来，张洪彬敢于担当作为，截至2022年8月23日，他与机组人员成功救助遇险群众369人，并多次创造新的飞行救助纪录，以实际行动诠释"把生的希望送给别人，把死的危险留给自己"的救捞精神。

我想一趟救起所有人

"山东龙口港1号锚地附近海域，工程船'靖四方1'轮16人遇险，请求前往救助。"

2017年10月29日，张洪彬接到了救助工程船"靖四方1"轮遇险人员的任务。由于船舶随时存在倾覆风险，在充分考虑直升机功率、现场气象条件，并精确核算直升机载重平衡后，张洪彬与机组决定，携带最少的必备油量，尝试一次将16名遇险人员救上直升机。

可是，当到达现场后，张洪彬与机组人员遇到了大麻烦。船上障碍物较多且摇摆不定，遇险船舶还在无动力漂航，其不远处就有一个暗礁，如果发生触礁，船上人员的生命将受到极大威胁。

时间紧、任务难度大，张洪彬与机组人员果断决定采用救助效率最高的高空引导绳作业，但引导绳一次只能救起2名遇险船员，16人意味着救生员要上下8次，这对张洪彬及机组人员提出了极高的技术要求。

控制飞机、指挥队员、观察海况……张洪彬的大脑飞速运转。

在一次次的精准操作和默契配合下，张洪彬与机组人员成功将16名船员救起，几平方米的直升机后舱挤满了获救者，刷新了S76机型单次吊运救助人数最多的纪录。

一次救助 16 人，难度高、困难大，为何不分两次救助？有人好奇地问张洪彬。

执行救援任务

"我们是遇险者唯一的希望，我不想让他们觉得我们不要他了。"张洪彬告诉记者。茫茫大海，救助直升机一旦返航，剩余的求救者很容易失去希望，一旦丧失信心，大部分人很可能根本撑不到直升机再次返航救援，所以最好一次到位。

想尽一切办法抠时间

2018 年 8 月 5 日，在距离蓬莱 160 海里的青岛南侧海域，一艘不明驳船进水下沉，船上 5 人情况危急。

生的希望 / 生死一线党旗扬

"接到救助命令,按程序我们应先落地青岛机场进行补给,但会因此拖延救助时间,5名船员性命堪忧。"张洪彬在精确核对飞行数据、制定近乎苛刻的燃油使用方案后,驾机从蓬莱直飞救助现场。

他沉着冷静,平稳驾驶直升机,保证了救生员极高的救助效率。

整个救援过程仅用时10分钟,5名遇险船员全部被顺利救上直升机。这次救助行动刷新了飞行队单次飞行距离最长、救助效率最高的纪录。

"要从每个细节里抠时间。"张洪彬深知自己肩上责任重大,每次从制定飞行救助方案到穿衣耗时,张洪彬都想尽一切办法抠时间,以秒为单位,缩短救助准备时间。

"蓬莱东45海里附近海域,'鲁寿渔65168'渔船机舱突发大火,渔民严重烧伤。"2019年9月2日清晨,张洪彬接到救助命令,与机组成员紧急飞赴现场。烧伤渔民被吊进直升机后,张洪彬看到这位皮肤被烧黑、眼皮都闭不上的遇险者,决定选择最快、最有效同时又有把握的飞行路径——直飞并空降烟台毓璜顶医院。

方案确定后,张洪彬立即与各方联系,最终成功停降在毓璜顶医院,开创了北海第一救助飞行队建队以来空降医院转运遇险者的先例。

为何敢做出如此大胆的决定?

"我是有准备的。"张洪彬告诉记者,他此前多次陪妻子去毓璜顶医院进行产检,每次都会到毓璜顶楼前的起降点看一看。他还多次咨询过医院,了解到医院此前有过接收直升机救助的经历,安保工作也非常到位。

"在有把握的前提下,我想尽力为遇险者争取每一分每一秒。"

张洪彬说。

在每次救助中总结经验

张洪彬在救助一线已坚持了9年。一本"加减本",记录了张洪彬救起多少人的同时,也记录着他未能挽回的生命,这让张洪彬深感肩上担负着沉甸甸的责任。

因此,他养成了救助后刨根究底分析救助行动的习惯,并对其反思总结,应用于以后的工作中。

张洪彬率队赶赴现场

生的希望 / 生死一线党旗扬

2019年11月3日,山东蓬莱西南方向约100海里处的"LIANHANG 516"轮受寒潮天气影响进水沉没,船上5人落水。

张洪彬驾驶着专业救助直升机B-7313前往事发海域,用时不到2个小时,迅速搜寻并救起遇险人员,5名落水人员全部转危为安。

对于这次救助,张洪彬高兴的同时,也感到了诧异。

"以往这个时节,风急、浪恶、水冷,救助直升机到达现场后,幸存者基本上很少,这次为什么都救上来了?"怀着取经的态度,救助结束后,张洪彬重回现场,探寻此次"完美救助"背后的原因。

船员在船有沉没风险时就及时报警,天津市海上搜救中心、东营市海上搜救中心迅速调度、组织附近船舶护航,船员救生衣、救生圈配备齐全……张洪彬发现,"完美救助"是各方协调配合的成果。

"救助是积德行善的事,当你全心全意为别人付出时,自己也会发自内心地开心满足。"张洪彬表示,作为国家海上专业搜救队伍,他和他的团队将始终践行"把生的希望送给别人,把死的危险留给自己"的救捞精神,时刻保持冲锋状态,有险必救,使命必达,为保障人民群众生命财产安全奉献全部力量!

不忘初心担重任　不畏艰险守安澜

—— 记大连海事局船舶交通管理中心党支部

用忠诚书写生命传奇，用担当铸造搜救奇迹。

辽宁省海域面积广，通航密度较大，客运航线繁忙，且为海洋渔业生产大省，全省约有3万余艘渔船常年在沿海区域从事渔业捕捞活动，海上安全形势复杂。

大连海事局船舶交通管理中心党支部

生的希望 / 生死一线党旗扬

在黄渤海交汇之滨活跃着这样一支队伍，他们用专业，在波涛汹涌的大海上架起生命的通道；他们用忠诚，在惊涛骇浪中挽回人民的生命财产；他们用担当，净化着污染海洋的油渍，树立起黄渤海海上搜救的一面旗帜。这就是大连海事局船舶交通管理中心（简称"大连交管中心"）。

大连交管中心始建于 1986 年，是我国首批建设的 4 个船舶交通管理中心（VTS 中心）之一。这支拥有 32 名党员的队伍承担着辽宁省、大连市两级海上搜救中心日常值班工作，充分发挥指挥中心、协调中心、信息中心的"中枢"作用，先后成功组织、协调、指挥"辽海"轮火灾救助、"阿提哥"轮搁浅救助等多起重特大海上事故的搜救行动。

近 5 年，大连交管中心共组织海上搜救行动 370 余次，成功救助遇险者 3300 余人、遇险船舶 180 余艘，人命救助成功率达 96%，其中商船人命救助成功率连续 8 年达到 100%，让党旗在搜救应急一线高高飘扬。

发挥指挥中心作用　关键时刻运筹帷幄

2010 年 7 月 16 日，一声巨响划破了大连的宁静——大连新港输油管线爆炸起火！

这场百年罕见的油品爆炸事故不仅引发大火，导致部分原油、管道和设备烧损，更有大量泄漏原油流入附近海域。

事发后，大连交管中心临危不乱，充分发挥指挥中心的作用：指挥 30 万吨级原油泊位的当事油轮"宇宙宝石"迅速移泊，切断海上爆炸源；对大孤山水域实施临时交通管制，指挥 28 艘船舶紧急疏散、110 余艘锚泊船做好应急疏散准备，切断海上次生灾害危险源；划定临时锚地，安排暂不能靠泊的船舶抛锚。

大连交管中心对事故后大连辖区整体海上交通进行有效组织，使得事故区域的海上态势得到了决定性控制。

火灭后，大连交管中心即刻调整工作重心，助力清污、勇保生产：依托视频监控系统、船舶自动识别系统（AIS）等科技手段收集海面污染信息，及时汇总上报，为清污指挥领导小组提供决策依据；全天候、全方位密切监控交通流，为清污船舶动态开辟"绿色通道"，同时科学组织船舶交通，确保大连港水路客运正常，民生物资运输通畅。

在大连交管中心的全力组织和助航服务下，大连港客滚船运输未受事故影响，全国"北油南运"重要基地保持油气供给。

7 月 18 日，灾后首条油船"明丰 8"靠泊石油七厂码头；7 月 20 日，大连港解除部分港区临时交通管制，恢复正常通航；7 月 22 日，事故后新港港区迎来第一艘油轮"长航风采"号，标志新港码头正式恢复生产。

奇迹的背后是坚强的支部堡垒。在此期间，大连交管中心共投入值班力量 1156 人次，合计 13056 个小时；监控 979 艘次清污船舶安全作业；组织 5847 艘次船舶安全进出大连港，组织移泊船舶 3152 艘次；提供助航服务及信息提醒 10000 余次。

因此，大连交管中心先后荣获交通运输部"大连'7·16'灭火清污先进集体"荣誉称号和中华人民共和国海事局"大连'7·16'海上清污工作集体三等功"等荣誉。

生的希望 / 生死一线党旗扬

发挥协调中心作用　生死关头聚力八方

人多山倒，力众海移。

生死一线，能够协调调动的力量越多，救助遇险者的希望就越大。

大连交管中心定期更新大连市范围内的海上搜救中心成员单位，不断培育搜救应急社会力量和志愿者队伍，每年举办培训班，为其健康发展提供专业辅助和支持，形成"军地结合、专群结合"的搜救应急队伍。同时，完善搜救应急专家组信息，将来自科研院校、北海救助、飞行队、公安、消防、引航、航空、通信、民政等多家职能部门以及航运、修造船、石油化工等多个行业的专家学者和专业技术人才囊括其中，未雨绸缪，以备不时之需。

大连交管中心指挥大厅

2021年1月14日,大连夏家河子浴场水域59名游客被困浮冰。浮冰正飘向海里且随时有破碎可能。

大连市海上搜救中心充分发挥协调中心作用,一方面调派海事处执法人员前往现场进一步核实险情信息、开展救助,另一方面根据事发水域水深较浅、大型救助船艇无法到达的现实因素,协调交通运输部北海救助局飞行队、海警局、消防支队、金普新区蓝天救援队、中山区蓝天救援队、中红海上救援队等多方力量前往现场,展开海陆空立体救助。在多方力量的精诚协作之下,59名被困人员被安全救起,无一人受伤。

发挥信息中心作用 战"疫"一线上传下达

"新冠疫情防控期间,过报告线需要向大连交管中心报告船上所有船员身体状况。如果船上有船员发烧的情况,所有船员不要随意下船,也不要紧张,请立即向我们报告并听从指挥进行处理。"

新冠疫情暴发后,大连交管中心党员纷纷取消回家探亲计划,连续多日坚守一线岗位。

根据中心党支部制定的《大连海事局交管中心党支部疫情防控突击队工作制度》,坚持共产党员冲在第一线、战在最前沿,有条不紊开展疫情防控工作。

在疫情防控重点时段,大连交管中心以支部统一领导、成员分工负责的形式,充分发挥信息中心作用。一方面加强辖区船舶疫情的动态防控,建立在港船舶提示、信息沟通等机制,实时掌握在港船舶的信息，为科学防疫提供信息支持；另一方面，上传下达疫情防控工作指令，搜集报送全局疫情防控信息。

大连交管中心疫情防控突击队

为了做好疫情防控期间对船员的特殊关爱，缓解疫情给船员和其他航运从业人员带来的身心压力，大连交管中心开通24小时服务热线，解答相关企业和人员对船舶防抗疫情的疑惑，疏导船员心理压力，提醒船舶科学做好防护措施，得到了船员和船公司的一致好评。

单丝不成线，独木不成林。支部堡垒坚不可摧，得益于其中每一名党员的拼搏。

2019年8月，台风"利奇马"携风带雨，一路北上，大连辖区海面最大风速高达32米/秒，抛锚船舶数量激增。由于风浪持续增大，此起彼伏的红色走锚报警开始充斥监管屏幕，若不及时控制很可能造成船舶相互碰撞的险情。

大连交管中心已然成为临时指挥部,值班员临危不乱,沉着熟练地点击、拖动、放大显示屏上的船舶信息,通过甚高频快速作出指示。高频就像一根根坚不可摧的缆绳,将他们与锚地船舶紧紧相连,肩并肩与风浪全力搏斗。

嗓子哑了来不及喝水,咽口唾沫继续喊,下了班也顾不得回家,大家在值班台上连轴转。一条条指令通过甚高频高频传出,短短5个小时,共播报近2000条安全信息,提醒抛锚船舶400余艘次,成功处置化解各类险情50余起。

一位党员是一面旗帜,一个支部是一座堡垒。

作为辽宁省首个"水上安全知识进校园"义工服务项目的中坚力量,大连交管中心的青年党员志愿者已连续开展此项活动8年之久。

开展"水上安全知识进校园"义工服务活动

"走出去",从大连市内的小学到大连市庄河市太平岭满族乡,将水上安全知识送进校园;"请进来",作为水上安全知识实践教育基地,多次接待学生团体的参观学习。

同时,大连交管中心还将"平安渔船"、渔业船舶安全警示教育工作与商渔船防碰撞工作进行有机结合,赴大连市各渔业重点区域开展渔民安全知识培训。

防患于未然,遇事有预案。情洒黄渤舟,安畅有序行。每一个大连交管人深知,海上搜救应急工作,永远在路上。而不忘初心的大连交管人,正用责任与担当,书写着对生命的敬重;用无私与奉献,表达着对祖国和人民的忠诚!

救人于危难　风浪见真章

—— 记浙江舟山海事局嵊泗海事处党支部

在浙江省最东部、舟山群岛最北部的海岛上，有一个"年轻的"海事处——嵊泗海事处。该处于2001年成立，"年龄"仅21岁，但28名正式职工中，有党员17名，党员平均年龄34岁。

他们中，有65%是"新浙江人"。他们是父亲、是儿子、是女儿，他们舍小家、顾大家，始终坚守在远离大陆的岛屿上，让党旗在浙江最北端的基层海事处高高飘扬。

哪里有危险，哪里就有党员的身影！

嵊泗地处舟山北部，四周水域开阔、航道交错，风浪影响大，是水上交通事故高风险区，海上救助异常困难。

嵊泗海事处党支部秉承"险情就是命令"的理念，坚决发挥党的领导作用，坚持第一时间部署应急处置工作，要求党员干部冲锋在前、时刻奋战在海上救助的最前沿，充分发挥党支部的战斗堡垒作用。

2018年4月6日凌晨，"大浦江"轮装载钛矿由芜湖开往曹妃甸，受大风影响，船舶在舟山嵊泗辖区北鼎星水域锚泊避风时，舱内出现自由液面，船舶右倾13度，随时有倾覆危险。此时舟山北部水域阵风9级，船上13名船员急需救援。

生的希望 / 生死一线党旗扬

救援"大浦江"轮

接报后,嵊泗海事处立即启动应急程序,迅速组成由党员领导干部带队的临时党小组赶赴现场施救,组织海巡艇和多艘船舶赶往现场实施救助。

抵达现场后,海事人员克服恶劣天气、晕船等困难,历经2个多小时,成功将遇险人员全部救起。

救援"大浦江"轮

救人于危难 风浪见真章

2021年5月29日,武汉籍"创新8"轮与南京籍"一钢物贸20"轮在马迹山半洋礁附近水域发生碰撞,"创新8"轮沉没,17人全部落水,急需救援。

接报后,舟山市海上搜救中心立即启动应急预案,嵊泗海事处第一时间成立由3名党员组成的搜救小分队,处领导庄肃晓任组长,带领姚红刚和朱艺锋2名党员骨干立即赶赴现场开展救助。

救援"创新8"轮

"抓紧了、拉住了,我把你们拉上来……"在事故现场,庄肃晓和姚红刚向落水船员们全力呐喊,喉咙沙哑了,胳膊酸疼了,手掌磨出了血。

在他们的努力下,仅用时30分钟,就快速救起了9名遇险船员。

"感谢给了我们第二次生命,没有你们,我们可能已经都不在了!"面对获救船员的感激,庄肃晓说:"总是感觉能不能动作再快点,能不能让落水船员早点救起来。每次救起一个人,内心都会有一点点自豪感。"

生的希望 / 生死一线党旗扬

"救人于危难,恩情重如山。"

"紧急救援显真情,病危船员转平安。"

"危难时伸援手,办实事见真情。"

在嵊泗海事处的展览室,一面面红色锦旗,不仅代表了获救船员对海事执法人员的感激之情,也诉说了海事人员的最美情怀。

"不死一个人,一直都是我们努力前行的方向!"

为此,嵊泗海事处始终坚持守护航行安全的初心,守卫浙江"北大门"的使命,成立了以党员领导干部带头的应急救助党小组,锻造出了一支政治意识强、作风优良、技术过硬、战斗力强的海事救援队伍。并且不断完善应急处置程序,严格执行24小时应急待命制度,确保第一时间接警、第一时间处置、第一时间到达、第一时间施救,把生的希望带给船员,把困难险阻留给自己,让党旗始终在浙江最北端的基层海事处高高飘扬。

用忠诚守护南海　用奉献书写担当

——记海南海事局指挥中心党支部

南海，位居太平洋和印度洋之间的航运要冲，是联系东盟和东亚各国的海上航运生命线。保障南海海域航行安全，是中国作为负责任大国义不容辞的责任。

海南海事局指挥中心承担海南省海上搜救中心办公室日常工作，具体负责200多万平方公里南海海域海上搜救的组织、协调和指挥工作。

海南海事局指挥中心党支部以发挥支部战斗堡垒作用和党员先锋模范作用为着力点，致力于打造维护南海人命安全的坚强战斗堡垒，大力弘扬"险情就是命令、时间就是生命、团结就是力量"的搜救精神，不断锤炼"特别能吃苦、特别能战斗"的工作作风，持续提升"召之即来、来之能战、战之必胜"的应急处置能力，用忠诚履职守护着南海一方平安，用无悔的奉献书写着海事人的责任与担当。

科学施策，凸显海事专业形象

"指挥协调有力，彰显奉公为民。"

"守护生命，大爱无疆。"

生的希望 / 生死一线党旗扬

2019年1月10日，中化国际上海傲兴船舶管理有限公司总经理李广红一行专程来到海南，向海南省海上搜救中心、海南海事局分别赠送了两面锦旗，感谢搜救中心和海事局在救助公司所属"米兰"轮过程中的快速处置、科学指挥，保障了船舶和15名船员的安全。

"在情况最危急、最困难的时候，'米兰'轮船员曾一度准备弃船。"李广红总经理回忆道。

2018年12月30日12时许，海南海事局指挥中心接报，装载约3000吨散装液体化学品的"米兰"轮，从马来西亚居荼开往广东东莞途中，在西沙海域遭遇大风浪，船舶甲板上浪，船舱进水，船舶发生右倾10度并持续扩大，船上有15名船员，有倾覆危险，情况紧急！

接报并核实险情后，海南海事局指挥中心立即启动应急预案，协调在事发海域附近值守的"南海救131"轮做好应急救援准备，与"米兰"轮及所属公司建立起船岸多方应急联动平台，向船舶通报应急处置部署和各级领导批示，对船员进行安抚，指导船员积极开展自救。

经过近5个小时紧张有序的处置，"米兰"轮逐步恢复平衡，险情得到有效控制。

随后，海南海事局指挥中心又结合天气预报和风浪情况，协助"米兰"轮采取绕航措施规避风浪影响，调整航向前往越南沿岸海域锚泊避风，风浪减弱后"米兰"轮续航前往目的港东莞港，并于2019年1月5日安全抵达。

李广红总经理激动地说："正是由于有了海南省海上搜救中心、海南海事局的及时介入和鼓励，尤其是得知部、省领导第一时间做出救援的批示，国家在西沙设有救援基地，附近就有救援船舶可随时展开救援的信息后,全体船员才更加坚定了克服困难的信心,最终战胜了险情,避免了重大生命财产损失!"

救人危难,凸显海事为民本色

"在距三沙永兴岛以南210海里处,海南省琼海籍渔船'琼琼海渔01039'轮船体进水,船上有32名渔民,情况危急!"

2019年7月11日6时许,一阵急促的电话铃声打破了海南海事局指挥中心值班室清晨的宁静,琼海渔业协会转警称,渔船报警后失去联系,北斗系统信号丢失,沉没可能性极大。

接警后,海南海事局指挥中心马上意识到这是一起关乎32个家庭的特别重大险情,按程序逐级上报。

"险情就是命令,时间就是生命!"

海南海事局指挥中心立即协调南海救助局、南部战区海军、南航部队、海南海警局、国家海洋局南海分局、广东省海上搜救中心、广西壮族自治区海上搜救中心、海南省军区等单位及部队派出力量,展开海空立体大救援。

在交通运输部、海南省委和省政府的坚强领导下,在军、警、民各方通力协作下,在越南、中国香港的大力支持下,在接到险情的7个小时内,遇险人员全部获救并安全转移至中国籍商船"远洋湖"轮上,并于12日17时由"南海救116"轮安全运送至三亚。获救渔民上岸回家,搜救任务圆满完成。

"辛苦了!""谢谢你们!"劫后余生的渔民在三亚接受记者采

访时激动不已、满怀感恩："回家的感觉真好,在海上这么多年来,这一次最想家!"

国际救援,彰显中国海事风采

2020年12月21日20时许,塞拉利昂籍散货船"DONG YANG"轮在南沙群岛万安滩东北约27海里处进水,船体横倾20度,异常危急,10名船员弃船登上救生筏等待救援,其中包括2名中国籍船员和8名菲律宾籍船员。

受23号台风"科罗旺"影响,事故现场风大浪急,遇险船员生命遭遇重大威胁。

夜黑、风急、浪高……恶劣的环境致使搜救工作困难重重。

接到报警信息后,交通运输部、海南省委和省政府高度重视,在中国海上搜救中心的指导下,海南海事局指挥中心全力以赴做好遇险船员搜救工作,紧急协调专业救助船、海警船和附近商船争分夺秒开展搜救。

2020年12月22日14时30分许,10名遇险船员全部被指挥中心协调的利比里亚籍集装箱船"JPO PISCES"轮成功救起,获救人员随船前往下一港深圳。

海南海事局指挥中心和广东海事局、深圳海事局加强沟通联系,协调深圳方面做好接收、安置获救人员的准备。

2020年12月25日,载有10名遇险船员的"JPO PISCES"轮抵达深圳盐田港锚地。

成功救助南沙海域遇险外轮10名遇险船员

经检测，获救的10名船员中，菲律宾籍船长核酸检测结果为阳性，3名菲律宾籍船员核酸检测结果虽为阴性，但血清抗体检测结果异常。以上4人被安排在深圳市第三人民医院隔离治疗，其余6人被送往深圳市定点隔离点进行隔离，均得到妥善安置。

外交部发言人赵立坚在12月23日的例行记者会上通报了此次救助行动。他表示："海上人命救助是国际人道主义的行动。此次成功救助是对中国维护南海国际船舶航行安全能力的一次考验，充分彰显了中国在南海海上人命救助的责任和担当。中方将继续本着人道主义精神，对在南海遇险的船只和船员提供及时、必要的搜寻救助。"

生的希望 / 生死一线党旗扬

"惠海泽航、人本至善",海南海事局指挥中心党支部始终秉承这一搜救理念。

2017—2021年,该指挥中心共组织开展海上搜救行动534次,协调船艇1707艘次、飞机139架次,成功救助中外遇险人员1825人,在一次又一次海上生死一线架起一座又一座希望桥梁,谱写了一曲又一曲生命赞歌。

海南海事局指挥中心党支部将继续践行"用忠诚守护南海,用奉献书写担当"的庄严承诺,不忘初心、牢记使命,砥砺前行,建功碧海。

琼海市政府送锦旗

破浪前行　铸水上铁军

—— 重庆市地方水上应急救援中心救援事迹纪实

依山筑城、凭水而兴。这是重庆的靓丽标签。三峡大坝建成前，重庆一直是全国水上交通事故"重灾区"，三峡大坝建成后，重庆通航条件虽得到显著改善，但安全形势依然严峻。

重庆市地方水上应急救援中心集体照片

面对严峻的水上安全形势，重庆市地方水上应急救援中心（简称"救援中心"）立志作为、勇于担当，按照"应急预案、应急队伍、应急装备"

生的希望 / 生死一线党旗扬

三个贴近实战要求，以铁军之姿破浪前行，守护水域安宁。

严格管理强军魂，军人退役不褪色

每年到了8月1日这天，李昌都会发个朋友圈："过节了，八一快乐。"轻描淡写中，难以掩饰快乐和自豪。

作为曾经的老兵，救援中心主任李昌心中一直有个军人情结，虽已退役多年，但"为人民服务"几个字始终排在心上。

在他的带领下，救援中心实行半军事化管理。他的态度非常坚定："救援队伍跟部队是一样的，要是没有执行力，没有时间观念，那就是一盘散沙。"

救援中心开展日常训练

他们坚持高强度、高负荷训练，在恶劣环境下磨炼队伍，让每名队员都成长为特种兵、尖子兵。每天上百次重复枯燥的俯卧撑、起吊、打绳结、开靠头练习，让队员手上满是水泡，磨破皮，结痂又脱落，衣服湿了又干，干了又湿，但他们却毫无怨言。

救援队的生活跟军队也有相似之处，如折成"豆腐块"的被子，和军队一样统一的作息时间……在这样的环境下，救援队员们始终保有着军人一般的坚毅意志和精气神，坚守着"人民至上，生命至上"的承诺。

水中"蛟龙"展风采，高科技装备来助力

高速冲锋舟、无人智能救生器、多波束扫测设备、智能化无人机、夜间超视距搜索仪、智能遥控救生器、泛光照明设备、抛绳器……

作为新时代的"水中蛟龙"，救援中心先后配备了一批高科技智能化救援设备，救援队员掌握起来也是得心应手，但外人看不到的，是他们为牢牢掌握复杂的高科技设备而夜以继日加班加点学习。

救援队员驾驶冲锋舟沿江巡航排查隐患

日常工作中，有不少搜救行动是在夜间。

水上不比陆地，水路有暗礁和激流，特别是到了晚上，它们就如同看不到底的可怕深渊，驾驶时速高达 100 公里的冲锋舟在夜间开展搜救行动，稍不留神就会船毁人亡！

然而，救援队员们凭着刻苦钻研的拼劲、迎难而上的狠劲、胆大心细的冲劲，把这些困难一一化解。

闻警而动勇担当，神兵天降保平安

"1 分钟队伍集结，3 分钟冲锋舟出动，8 分钟轻快装备出动，15 分钟重型装备出动"，这是救援中心严格遵守的应急响应标准。

"每当警铃声响起，就意味着正有人的生命财产安全受到威胁，一分一秒都极其珍贵。"

"在救援行动中，时间就是生命，有时哪怕快一秒钟，也可能多挽救一个生命。"

这样的声音，已成为救援队员的共识。

2014 年 9 月，洪水突袭渝北区统景镇，御临河河水漫过街道近 3 米，淹没了 2 层楼房，一餐饮船被困河中，船上多人亟待救援。

救援队员迅速集结，应急救援车带着冲锋舟、皮卡车装载抢险设备火速奔赴统景镇。

此时，多处房屋在洪水浸泡下摇摇欲坠，水面漂浮的大量树枝、杂物阻断了冲锋舟前进的道路。救援队员们以手当桨，用力推开杂物，沉着地驾驶冲锋舟，一次次驶入激流，成功救出 12 名被困水中的群众。

2019年10月，石门水域，一艘渔船翻覆，两人落水。其中一女子被倒扣在翻沉渔船内往下漂流，生命危在旦夕。

救援队迅速赶到现场，将翻覆渔船捆绑固定，利用冲锋舟发力拖拉，将渔船一侧脱离水面，成功救出被困女子。

这样的救援事例太多，无法一一列举。2014年成立以来，救援中心始终坚守"人民至上，生命至上"的理念，累计救助了300余名遇险群众，救助遇险船舶30余艘，进行溢油处置30余次，应急救援能力走在了全国内河前列。

2018年5月31日，救援中心在嘉陵江重庆段曾家岩水域成功救助一艘打流遇险快艇

生的希望 / 生死一线党旗扬

2018年7月12日，救援中心在嘉陵江重庆段李子坝水域成功救助一艘失控渔船

2019年4月19日，救援中心在嘉陵江重庆段磁器口水域成功救助两名被急流围困的钓鱼群众

2020年8月19日，救援中心转移被洪水围困的群众

党建引领 + 安全先行　共护海上那片云帆

—— 记温州市渔业应急处置指挥中心党支部

海洋是渔民的富饶粮仓，渔业是渔民的致富摇篮。

温州，瓯居海中，依海而建，伴海而兴，出海捕鱼是沿海居民重要的谋生手段。就在这毗邻大海的陆地上，有一座特殊的"瞭望塔"，里面有一群"瞭望者"，日日夜夜关注着海面上的一风一浪，时时刻刻牵挂着海洋上渔船渔民的安全，共护海上那片云帆。他们努力用自己的"辛苦指数"提高渔民的"安全系数"，为海上渔船的安全辛勤付出，用爱守护。

这座"瞭望塔"，就是温州市渔业应急处置指挥中心。

"瞭望塔"与生死一线间的救援

温州市渔业应急处置指挥中心隶属于温州市农业农村局，主要承担海上渔船应急指挥与处置职能。

作为温州市渔业应急处置指挥中心政治核心的党支部，近年来充分发挥基层战斗堡垒作用，持续提升为人民服务能力，严格落实应

生的希望 / 生死一线党旗扬

急值班值守，全天候监控辖区海域，守牢海上渔船安全"最后一道防线"。

温州市渔业应急处置指挥中心党支部

日常工作中，支部的每位党员实行轮流值班值守，确保每一天都有党员在岗。

一年365天，一天24小时，这座陆上"瞭望塔"始终灯火通明、日夜在线，瞭望者们时刻保持警惕状态，关注海浪动态、发布安全信息、点验渔船安全、核查离线渔船、记录渔船情况……

然而，日常的值班工作还是无法避免因海上各种因素导致的突发事件，生死一线间的紧急救援牵动着温州市渔业应急处置指挥中心党支部全体党员的心。

2019年10月24日20时10分，"琼长江10507"轮在东经125度36分、北纬31度22分海域发生沉没事故，船上7名船员爬上救生筏，在海上漂浮等待救援。

事发海域风高浪急,能见度低且天气寒冷,7名船员生命危在旦夕。

人命关天!

接报后,正在值班的党员林志全立即通过救助信息系统发布救援指令,第一时间协调事发海域附近渔船投入救援,不到2个小时,7名船员被及时赶到现场的"浙瑞渔01533"轮成功救起。

进行渔船救援

进行渔船救援

生的希望 / 生死一线党旗扬

"黑格比"与惊涛骇浪里的呼唤

作为一座沿海城市，每年夏天，温州都要经历数个台风的影响。

温州市渔业应急处置指挥中心党支部秉承"宁可十防九空，不可失防万一"的工作方针，坚持最高标准、最严要求，全力以赴做好防台抢险各项工作。

"防台一分钟，战斗六十秒"，每当台风来临，启动防台应急响应那一刻起，温州市渔业应急处置指挥中心党支部的党员们便迅速投身到防台战斗中。全力履行渔业防台职责，密切关注台风动向，科学研判渔船避风措施，加强渔船动态监控，尽心尽力争分夺秒，逐船督促海上渔船按时避风，及时通知危险区域涉渔人员撤离，指挥中心大厅的电话连绵不断，始终处于繁忙状态。

防台就是战斗，岗位就是战场。

2020年8月初，在"黑格比"台风来袭期间，支部全体党员干部冲锋陷阵，放弃周末休息时间，坚守岗位，随时做好信息传递沟通及应急事件处置。

8月2日至3日，台风"黑格比"逐步逼近，渔船防台形势严峻。针对小部分渔船撤离缓慢的情况，党员干部们夜以继日，通过电话耐心解释、发动渔船家属等各种方式，逐船规劝尽快撤离，盯牢每一艘渔船。

在坚守渔民生命财产安全红线面前，在奋战防台一线与守护家人抉择面前，大家义无反顾地选择坚守岗位。

党建引领＋安全先行　共护海上那片云帆

防台期间坚守岗位

防台期间坚守岗位

支部的党员多为年轻父母，有的子女尚年幼，有的妻子临盆，或正值子女放暑假……

一边是急需亲情，一边是台风无情。在面对家庭和防台的矛盾抉择时，每一位党员干部都坚守住了"初心"，扛起了光荣"使命"，毅然选择加入防台队伍。

据统计，2017—2021年，温州市渔业应急处置指挥中心党支部在防台期间共组织安全转移渔船9.6万艘次，实现海上渔民零伤亡。

"老黄牛"与数字化改革的火花

"惟改革者进，惟创新者强，惟改革创新者胜。"

温州市渔业应急处置指挥中心以党建为引领，始终坚持发扬为民服务孺子牛、艰苦奋斗老黄牛的精神，更积极探索数字化改革赋能渔船安全，争做创新发展"拓荒牛"。

2021年以来，支部以数字化改革为抓手，全力构建海上渔船精密智控"防护网"，用改革的力量提升管理手段和治理效能，用科技的力量降低海上渔船事故风险，保护渔民生命和财产安全。

为解决海上商渔船碰撞"难防"问题，温州市渔业应急处置指挥中心在全国涉海涉渔领域，首创10条海上"斑马线"，当渔船靠近"斑马线"区域时，渔船精密智控管理系统自动提醒渔船安全航行。

为解决海上渔船渔网"难辨"问题，温州市渔业应急处置指挥中心建设船网"智辨仪"，变"无法识别"为"智能甄别"，升级商渔船船舶自动识别系统（AIS）终端固件和海图软件，成功攻克网位仪区分显示"难点"课题。

为解决海上违法违规行为"难管"问题，温州市渔业应急处置指挥中心建设远程"电子眼"，变"无人监管"为"数字智管"，采集融合北斗、AIS、雷达、光电等多类型定位信息进行数据整合分析，智能识别涉渔"三无"捕捞、渔船证业不符、一船多码等违法违规行为。

"老书记"与年轻党员的接力棒

温州市渔业应急处置指挥中心党支部是一支以青年为主体的高素质年轻队伍，支部书记是一位坚守渔船安全救助岗位30余年，拥有20多年党龄的老书记。他是2019年度浙江省"担当作为好支书"，是2020年度浙江省防台救灾优秀党员干部。

在老书记的带领下，支部坚持党建带团建、团建促岗建，以"心系安全，情系渔民"为服务理念，以"迅速、及时、安全、保障"为服务品牌，在温州市"保平安、促和谐"、打造"平安海域"等各项工作中发挥了积极作用，为渔业安全构筑了一道坚强防线。

多年来，凭借严谨的工作作风和突出的工作业绩，温州市渔业应急处置指挥中心党支部获得了诸多荣誉：2011—2017年连续7年获温州市海上搜救工作成绩突出单位，获2013—2014年度温州市劳动模范集体、2014—2015年度市直机关先进基层党组织、2015年度浙江省海上搜救先进集体、2017年度温州市"青年文明号"、2018年度浙江省模范集体、2019年度全国农业农村系统先进集体等荣誉称号……

过往的成绩是肯定，是激励，更是挑战。这群年轻的党员干部们用实际行动迎接挑战，从老书记手里坚定地接过"为民服务"接力棒，扛起沉甸甸的重担——为海上渔民保驾护航，共护渔业高质量发展！

不忘初心 凝聚奋进力量

——记中国石油海上应急救援响应中心

火光冲天、浓烟滚滚,大量原油流入海里,放眼望去,海面上黑压压的一层原油望不到尽头,情况万分危急。一场溢油回收、保护大海的激战正式打响了……

2021年8月15日,中国石油海上应急救援响应中心党委组织全体党员开展了"应急一线党旗扬"应急小故事分享会。

中国石油海上应急救援响应中心执行救援任务

中国石油海上应急救援响应中心成立于2006年,是一支具备海上油气开发Ⅱ级突发事件处置能力的专业溢油应急队伍。

作为国有企业内部救援队伍,中国石油海上应急救援响应中心党委以高质量党建引领中心高质量发展,把激励企业员工新时代新担当新作为作为队伍建设的"制胜法宝",紧抓不放,勤于谋划、善于作为,全力打造一支"对党忠诚、业务精湛、纪律严明、勇于奉献"的应急铁军,以责任与担当筑起一道坚实的海上防线。

铸魂,筑牢忠诚信仰

心中有信仰,脚下有力量。

在和平年代,海上应急救援是最危险的职业之一,也是最寂寞的职业之一。

多年来,中国石油海上应急救援响应中心党委紧抓"红色教育",升华理想信念,不断丰富创新载体及形式,大力弘扬红船精神、大庆精神、铁人精神,以"爱国、创业、求实、奉献"为宗旨,打造无私奉献的"应急铁军文化",增强员工的凝聚力和向心力,不断"输血供氧",浇注情怀。

在室内,一面面锦旗、一个个奖牌、一封封感谢信是对应急队员们价值的肯定和对工作的激励。

2011年11月,辽宁昌图输油管道泄漏,中国石油海上应急救援响应中心溢油围控作业期间,上游突然开闸放水,围油栏突然被湍急水流冲开,已拦截的溢油即将失控,应急救援响应中心员工孙明明不

生的希望 / 生死一线党旗扬

顾 –15℃的气温，奋勇跳入冰冷刺骨的河水中，用双手紧紧拉住被河水冲开的围油栏两头，为应急队员重新连接围油栏争取了宝贵时间，避免了原油流入下游造成更大面积污染。

2021年，河南郑州、新乡等地连续发生严重洪涝灾害，返乡休假员工张伟不顾个人安危，积极投身当地抗洪抢险战斗中，帮助转移受灾村民，上堤封堵3处决口；并在蓝天救援队指挥部报名志愿者服务，帮助转运全国各地捐献的救援物资。

不忘初心，勇于奉献。多年来，中国石油海上应急救援响应中心党员积极加入当地海上搜救志愿者队伍，参与行业外各类应急抢险45次，用实际行动传递无私奉献、大爱无疆的志愿者精神，先后涌现出"应急尖兵"刘方、"应急牛人"郭建龙、"拼命三郎"孙明明、"鸿雁班组"冀东救援站、"应急先锋"辽河救援站等一批先进人物和集体。

聚力，弘扬应急精神

15年来，中国石油海上应急救援响应中心党委始终倡导要以军事化管理的方式提高应急队员综合素质与实战能力。

领导干部带头以军队标准开展体能达标考核。在演练中强化自身运行管理，2006—2021年，该中心累计参与跨省市、跨区域大型联合演习54次，实现周边海域应急资源共享互补，应急能力持续提升。

中国石油海上应急救援响应中心在演练

此外，中国石油海上应急救援响应中心还对外积极履行企业社会责任，与天津、营口、烟台、中国海油、中国石化等多个地方和企业签订联动协议，积极参与海上、河流应急救援行动，在大连"7·16"输油管道爆炸火灾事故、大连"6·30"输油管爆裂事故、天津"6·1"化工厂废气泄漏事件等34次溢油应急响应中发挥了重要作用，执行人

生的希望 / 生死一线党旗扬

工岛病员救助、海上遇险船舶救助、海上遇险人员搜救等任务 24 次，多次执行重大工程守护和海上消防任务，积累了不同环境下各类突发事件应急处置实战经验。

进行救援

进行救援

2008年北京奥运会，青岛奥帆赛赛区在开赛前受到浒苔入侵影响，中国石油海上应急救援响应中心迅速进驻青岛，执行围油栏布设和守护任务，布设围油栏3万余米。

在奥帆赛、残奥帆赛守护期间，围油栏受台风影响，遭到不同程度的破坏，中国石油海上应急救援响应中心积极修复受损围油栏3900米，维护、重新布设围油栏6万余米。

2016年，中国石油海上应急救援响应中心选派技术骨干12人，克服南海海区海况复杂恶劣、风高浪急、甲板上气温高、设备保养难度大、海上作业强度大、身体不适等困难，坚守岗位116天，圆满完成南海可燃冰试开采守护任务，为远海复杂海域应急救援和平台守护积累了宝贵经验资料。

2021年5月，2艘外籍货轮发生碰撞，造成溢油入海。中国石油海上应急救援响应中心"中油应急102"船在完成某海上平台37天溢油抢险任务后，仅休整2天，便又投入到新的溢油抢险应急现场。

抢险现场，"中油应急102"船全体船员克服重重困难，争分夺秒，连续作战，展现了高超的专业水平，再次展示了国企担当和家国情怀，受到地方政府部门的高度赞扬。

哪有什么岁月静好，不过是有人替你负重前行。

多少个寒来暑往，他们坚守在海上；多少次应急行动，他们与死神擦肩而过。凭着对生命的守护与不舍，对理想的坚持与追求，对党和人民的无限热爱，他们始终冲锋在前。安危面前，他们用意志续写生命的希望。

中国红　暗夜里的救援者

——中英公司"福海"号海上救援巴布亚新几内亚渔船纪实

2018年10月19日,承担华为公司总包项目中英海底系统的"福海"号,肩负着助力"一带一路"建设的光荣任务,奔赴千里之外的巴布亚新几内亚指定施工海域。

船上党员干部等41名工作人员经历近2个月的昼夜奋战,顶着出没无常的风浪,排除万难,顺利完成了1800多公里海底光缆敷设的重任。

"福海"号

海底光缆敷设工程画上了圆满的句号，"福海"号一路顺风，驶往巴布亚新几内亚首都莫尔兹比港，船上的工作人员将在港口通关，回国休整。

然而，谁也没有想到，就在此时，求救信号突如其来。

求救信号　突如其来

"当时我们正准备用餐，饭还没入口，就见到大副他们冲到餐厅，报告说远处有一艘小船向我们发出求救信号。"船长陆晔波这样描述在 2018 年 12 月 17 日 18 时许收到渔船 Louisianne 号发来求救信号时的情景。

"当天的海况比较复杂，白天的浪高达到 3~4 米。"听到大副他们的报告，出于航海人的职业本能，陆晔波原本较为放松的心情"咯噔"一下紧张起来。

接到信号赶赴事故海域的途中，夜幕逐渐笼罩了整个海面，浩瀚无垠的太平洋洋面刮起了 8 级大风，风高浪急，除了 3 米多的大浪之外，船员用仪器测得当时的洋流达到了 2 节，即每小时流速达 3.7 公里。

忽然，雷达屏回波扫描中出现了一个"小点"，那正是渔船 Louisianne 号的船影。

随即，他们又在信号嘈杂的无线电通信系统 16 频道（遇险呼救专用频道）监听到对方船只的急切呼叫。

"是否需要我方帮助？"

"需要！恳请你们把我船拖往莫尔兹比港！"

生的希望 / 生死一线党旗扬

29岁的党员张德仲同志第一时间联系上遇险船舶,船长陆晔波仔细询问遇险船舶情况,得知该船因螺旋桨齿轮箱发生故障导致熄火,已经在海上无动力漂流两天,船上5名渔民和5名乘客危在旦夕。

"这艘船可能比'福海'号上的救生艇大不了多少,而且这艘遇险渔船所处的位置远离商船主航道,两天来都不见其他船只。"按照陆晔波的解释,依靠海浪推动,渔船3个小时后就要搁浅。周边一带暗礁遍布,对船只来说危险重重。而即使侥幸登陆上岸,他们面对的很可能是没有人烟和信号的原始森林,这显然对求救更加不利。

身份甄别　审慎严谨

众所周知,船只在航行途中收到求救信号,在可能的范围内给予人道救助,是道义也是法定责任。

然而,在实际的救援之前,确认求救方身份的程序相当重要。

因为,除了波涛汹涌、瞬息万变的恶劣海况之外,航行于公海中的各类船舶错综复杂,夹杂在正规的商渔船之中,也不乏海盗船、偷渡船、违法船,但救人也是刻不容缓的事情。

向来训练有素,多次执行海外光缆、电缆敷设任务的"福海"号船员们都很清楚,"莽夫"肯定是不能做的,但"福海"号也不是专业搜救船,如何在鱼龙混杂中分辨真伪,着实考验着"福海"号全体船员的胆识和智慧。

这是一场和时间的赛跑。在船长的指挥下,船员们默契协作,一系列核实对方船只身份的必要程序以及救援准备工作齐头并进、同时展开。

船长陆晔波当即要求对方船长在无线电通信系统中"自报家门"。

"对方船长的用语还是相当规范的。"陆晔波在获取了对方船名、船籍国、注册号、船上人数等信息后，立即指派张德仲登录澳大利亚海事部门官网查证。

经过快速的信息核对并确认无误后，电缆总工程师涂海川立即向远在上海的公司总部船队工程总监裘忠良报告。

在接到报告之后，总部就迅速发来了指令：必须救助，同时注意安全。

"要以国际海事标准通信用语与对方沟通。"

"必须对得上号。"

"让对方船只亮起遇险红灯，全体人员集中在甲板上，船员施放手持的红色烟雾信号。"

陆晔波发出一系列救援指令后，大家也开始井然有序地忙碌起来。"整个救援和拖行的过程，我们一直不断监控、观察和调整。"根据陆晔波的介绍，"福海"号和小渔船始终保持着110米安全距离，在航行了39个小时后，"福海"号终于带着Louisianne号渔船，安全驶抵莫尔兹比港。

"我们还给他们一些从中国带来的饮用水和方便面作为补给。"陆晔波坦言，整个救援过程虽然步步惊心，但所幸有惊无险。

"没有'福海'轮就没有我们十个人的今天"，在接受当地电视台采访时，获救的Louisianne号渔船船长面对着摄像记者的镜头，感激之情发自肺腑，"中国海缆施工船真是我们的救命恩人啊！"

生的希望 / 生死一线党旗扬

很快,"福海"号成功救助濒临绝境的渔船的事迹在巴布亚新几内亚当地成为尽人皆知的大事件,为中国、巴布亚新几内亚两国人民的友谊再添佳话。

"福海"号

坚守初心本色　勇担社会责任

——"舟港拖31"轮救援事迹纪实

舟山海域面积达 2.08 万平方公里，海上交通运输繁忙，是海事海难多发地带。在这里，有这么一群人，他们在完成助泊等生产任务的同时，努力守护着这片海域，承担着舟山港海域海上急难险重突发性抢险救援和防抗台风的职责，他们就是宁波舟山港舟山港务有限公司所属舟山港海通轮驳有限责任公司（简称"海通轮驳"）"舟港拖31"轮和船上的全体船员。

"舟港拖31"轮执行任务

"只要我们的拖轮扛得住风浪，我们就一定能完成任务；只要有一线希望，我们就会舍生忘死地去救援。"党员船长朱益明如是说。

生的希望 / 生死一线党旗扬

"舟港拖 31"轮是海通轮驳的一艘拖轮,现有船员 9 人,主要为舟山港域船舶进出港、靠离码头、移泊提供顶推、拖带服务。面对险情,"舟港拖 31"轮主动冲锋在海上救助第一线,以高度的责任感、强烈的进取精神出色完成各项任务。

搏击海浪,关键时刻顶得住

2020 年 12 月 30 日 15 时 40 分,一阵响亮的报警铃声响彻海通轮驳值班室,电话那头传来搜救中心值班人员焦急的声音:"舟山册子岛北侧约 2 海里处一艘重载散货船因大风浪货舱进水,有船员落水,请海通轮驳立即前往救援。"

"快看,那里有落水人员!"接报后,海通轮驳立即启动海上救助应急预案,急速调派"舟港拖 31"轮开往事发海域全力配合救助工作,第一时间发现了落水人员。

"受寒潮影响,风大浪急,随着黑夜的降临,搜救会越来越困难!而且最为关键的是,我们拖轮并不是救生船,缺乏在海中救人的经验。"面对实际困难,"舟港拖 31"轮船长朱益明不禁陷入沉思。

"我来,船长,我以前当过 15 年的渔船水手,有经验,先往落水船员旁边开,可以利用海浪的起伏试着把他救起来。"水手长余连合挺身说道。

船长朱益明立即行动。凭借高超的驾驶技术,拖轮在狂风巨浪中艰难地靠近遇险船员。因为拖轮打横,受到巨浪侧面袭击,整条船产生剧烈的左右摇晃,船舱里所有未固定的物体都纷纷掉在地上,朱益明的手机砸在铁质的地板上,稀碎……

余连合在结满薄冰的湿滑甲板上站立不稳,但他还是竭力用救生圈将遇险船员慢慢地拉到船边,然后跨过船舷,左手死死拽住栏杆,右手拼尽全力抓紧遇险船员。

冬天衣物厚重,遇水浸泡后加上人体自重,有300余斤。凭借几十年的出海经验,余连合借助海浪起伏,一点一点地将落水船员救起。手臂脱臼了,忍着剧痛按回去接着救!每救一人,都拼尽了全身的力气。

经过一个多小时的搜寻与救援,在专业救生船到达之前,"舟港拖31"轮成功救起4名落水船员。这4名船员,是这次事故中的全部幸存者。

自投入使用以来,"舟港拖31"轮参与救助行动8次,有效地保障了辖区交通安全,为保护人民生命和国家财产安全作出了突出贡献。

"舟港拖31"轮参与救助

谨慎高效,危难时刻显担当

2021年8月7日,一则"巴拿马籍散货轮'GRAND PROGRESS'

生的希望 / 生死一线党旗扬

十三名中国船员船上发热紧急求救"视频在互联网上引发关注。这艘货轮从菲律宾出发,在航行过程中,船员们陆续出现了发热、呕吐、腹泻、丧失味觉和嗅觉等疑似新型冠状病毒感染症状。

因为种种原因,"GRAND PROGRESS"轮("弘进"轮)被迫漂泊在舟山海域无法靠岸,船员得不到及时的医治,情况十分危急。舟山市人民政府在接到求助信息后,于8月8日13时,果断启动"弘进"轮船员紧急救助程序,并指定由海通轮驳负责海上转运任务。

接到任务的当晚,海通轮驳第一时间完成涉疫船海上转运工作方案的制定并布置了相关要求,"舟港拖31"轮船长朱益明主动请缨要求执行此次任务,从8月9日"弘进"轮第一批11名船员顺利转运至指定码头起,到8月13日为"弘进"轮吊装转运医废专用箱,再到8月15日剩余9名船员平安上岸,最后8月18日完成全船消毒取样,"舟港拖31"轮全体船员被送至指定酒店隔离。

"舟港拖31"轮参与救援的所有船员都高度重视并关注每一个防疫细节,全力以赴,将党组织战斗堡垒和党员先锋模范作用发挥在救援最前沿。

近年来,"舟港拖31"轮积极配合舟山相关部门做好救助遇险船舶、抢救船上伤病员等海上搜救工作。全体船员不畏艰难、不怕牺牲、英勇顽强、无私奉献,全力配合无偿救助海上遇险船舶,排解各种险情,在各种事故中发挥了不可替代的作用,赢得了地方有关部门及来往船舶的一致信任和广泛好评。

砥砺前行　应急路上党旗扬

—— 记南京海事局指挥中心党支部

2019年6月10日，在南京长江二桥上行的"瑞北××"轮触碰浮船坞，船舶大量进水，面临着随时沉没的危险，3名船员命悬一线。

接到险情报告后，南京海事局指挥中心第一时间调派海巡艇"海巡06216"轮和工程船赶往现场，同时调度现场画面，指导船舶救援。

南京海事局指挥中心值班大厅

一旦沉船，江面将会产生巨大的漩涡，到场的工程船顾虑不前，而3名船员仍心系船舶及货物，不愿下船。

"先救人,马上救,不容迟缓!"13 时 15 分,指挥中心果断发布指令。这一刻,现场指挥长刘毅冲上"瑞北××"轮,强行背着船员撤离至"海巡 06216"轮。

13 时 17 分,"瑞北××"轮沉入江底,带起巨大的漩涡,3 名船员与死神擦肩而过。

"海事执法人员不顾自身安危在南京二桥北侧水域进行了一场生死营救,你们真应该好好地宣传他们的事迹,表扬他们!"一名获救船员激动地向记者说道。

时任南京海事局指挥中心主任徐建同志感慨:"水上搜救就是与死神赛跑,我们要争分夺秒,给遇险船员以希望,这是我们指挥中心的初心与使命。"

沙场练兵,苦练打造一流海事铁军

"演习就是实战。"南京海事局指挥中心党支部是一支业务精湛、富有朝气的年轻队伍,现有党员 23 名,"80 后"和"90 后"党员占比达到 87%。自 2017 年 3 月成立以来,党支部多次承办江苏省水上搜救综合演习。

党支部针对长江南京段危险化学品船舶多、船舶密度大等特点,撰写演习脚本。充分考虑水上可能出现的人命救助、船舶打捞、水上清污、船舶消防等一切情形,认真研讨每一个演习科目,反复推演每一环应对举措,一步步规范动作和程序,确保支部每一位党员都有能力应对各类突发事件。

开展水上搜救综合演习

南京海事局指挥中心党支部先后承办了"南京市水上消防救生暨船载危险化学品事故应急专项演习""五桥防高处坠落、人员落水搜救演练""人员落水暨环境污染事故综合应急演习"等专项演习科目，演习内容实现救生、消防、防污染、人员转移、船舶沉没等全覆盖。一次次的演练，磨炼出一支关键时刻站得出来、危急时刻豁得出去的海事铁军。至2021年底，南京海事局指挥中心党支部共开展应急搜救240余次，成功救助遇险人员1800余人次。

"1020"，诠释南京海事速度

2021年8月21日夜间，指挥中心接到过往船舶报警，江面有游艇失控。指挥中心立即启动应急处置程序，调派海巡艇紧急救助。自接警至救起4名人员，用时仅8分钟。

生的希望 / 生死一线党旗扬

"水上搜救就是与死神赛跑,分秒必争!"为赢得这场赛跑,南京海事局指挥中心借全要素水上"大交管"建设东风,自我革命,提出了"1020"快反处置体系——全天候接警,10分钟出警,20分钟全域快速抵达。

为搜救多赢得时间,就是多留住生命。南京海事局指挥中心化被动接警为主动预警,全面提升水上突发事件的自主发现能力。一方面,将感知触角前移,强化了现场的自主监控,补点建设了视频监控系统、船舶自动识别系统、船舶交通管理系统等多维感知系统,配置了6架无人机,通过"人防+技防"双管齐下,加强水上交通动态感知能力,及时发现水上异常行为;另一方面,加强日常应急演练,提升应急反应速度,提高救助协同能力。

2021年5月26日上午,值班监控发现江面有漂流人员,立即发布航行警告,提醒过往船舶避让,并调派海巡艇前往救助。从发现至救起漂流人员,共用时9分钟。

一件件用速度赢得时间、用时间守护生命的事件,生动诠释了南京海事速度。

安全宣教,防患未然夯实安全之基

南京海事局指挥中心一直秉持"防大于救"的理念,普及水上防灾避险等知识,提高涉水人员的应急意识和应对突发事件能力,从而最大限度地减少人员伤亡和财产损失。

指挥中心丰富宣传载体,创新宣传方式。除了发放宣传单等传统方式，还充分利用新媒体渠道，制作宣教视频，通过抖音直播、微信公众号推送等形式，积极开展水上安全知识、基本应急知识、事故灾害类应急知识的宣讲。

支部党员主动走进企业、校园、社区，登上船头，结合自身救援专业，以案说法，利用"安全生产月""法治宣传周"、中国航海日、VTS开放日等活动，通过设置现场咨询台、发放宣传材料等方式，广泛宣传水上安全知识和搜救应急知识。

开展水上交通安全知识进校园活动

新发展阶段，统筹高质量发展和高水平安全良性互动，守住水上安全最后一道防线，对水上搜救应急工作提出了更高的要求。南京海事局指挥中心党支部在局党委的领导下，牢固树立"人民至上、生命至上"理念，恪守"保人命、防污染、疏通道、减损失"目标，先后获得"全国青年文明号""江苏省工人先锋号"、长航局系统"百佳党支部"、江苏海事局"先进集体"和"先进基层党组织"等荣誉称号。

生的希望 / 生死一线党旗扬

一天 24 小时，时时在岗；一年 365 天，全年无休。南京海事局指挥中心党支部始终坚持日常工作想在前、关键时刻干在前、危急关头抢在前，发挥党员先锋模范作用，忠于职守、勇于担当，竭尽全力保障水上人命和财产安全。